文化创意视角下我国邮轮产业发展动力研究

邱　羚　著

上海交通大学出版社
SHANGHAI JIAO TONG UNIVERSITY PRESS

内容提要

中国邮轮产业尚处在起步阶段,在邮轮文化、邮轮旅游市场培育、邮轮修造配套、邮轮产品设计、邮轮港口规划及基础设施建设等方面与发达国家相比还存在很大差距。本书基于文化创意产业视角,来研究我国邮轮产业成长动力,不仅有助于丰富邮轮经济和文化产业相关理论以及研究方法,而且能在一定程度上促进和推动邮轮文化创意产业的形成和发展,更好地发挥文化创意产业在邮轮领域的传承和衍生效应,为邮轮产业持续健康发展提供一个崭新视角的思考和建议。

图书在版编目(C I P)数据

文化创意视角下我国邮轮产业发展动力研究 / 邱羚著.
—上海:上海交通大学出版社,2018
ISBN 978-7-313-20124-9

Ⅰ.①文… Ⅱ.①邱… Ⅲ.①旅游船-产业发展-研究-中国 Ⅳ.①F426.474

中国版本图书馆 CIP 数据核字(2018)第 203255 号

文化创意视角下我国邮轮产业发展动力研究

著　　者:邱　羚
出版发行:上海交通大学出版社　　　　　地　　址:上海市番禺路 951 号
邮政编码:200030　　　　　　　　　　　电　　话:021-64071208
出 版 人:谈　毅
印　　刷:虎彩印艺股份有限公司　　　　经　　销:全国新华书店
开　　本:710mm×1000mm　1/16　　　　印　　张:11.75
字　　数:193 千字
版　　次:2018 年 8 月第 1 版　　　　　　印　　次:2018 年 8 月第 1 次印刷
书　　号:ISBN 978-7-313-20124-9/F
定　　价:49.00 元

前　言

近年来北美邮轮市场趋近饱和,欧洲邮轮市场规模发展空间日益缩小,与此同时,亚洲地区以其深厚的文化底蕴、丰富的旅游资源、优势明显的人口基数,成为邮轮产业的"蓝海",全球邮轮产业的亚洲东移趋向越来越明显。其中,中国以优越的地理位置、独具魅力的东方文化、丰富的旅游资源和巨大的客源数量成为亚洲邮轮市场的重要核心组成部分。然而,中国邮轮产业尚处在起步阶段,在邮轮修造、邮轮文化及邮轮旅游市场培育、邮轮产品设计、邮轮港口规划及基础设施建设等方面还不够成熟,制约了邮轮产业的经济、社会和文化效应。文化创意产业具有强融合性特征,文化创意产业在邮轮领域具有传承和衍生作用,有助于延长邮轮产业的产业链,促进邮轮产业的多样化、深层次发展,文化要素与创新要素的注入与融合已成为各大邮轮企业扩张市场规模和提升客户满意度的主要手段。

本书基于文化创意产业视角,来研究我国邮轮产业成长动力,不仅有助于丰富邮轮经济和文化产业相关理论以及研究方法,而且能在一定程度上促进和推动邮轮文化创意产业的形成和发展,为邮轮产业持续健康发展提供一个崭新视角的思考和建议。

本书的内容主要分为五部分:第一部分主要介绍邮轮产业与创意产业的发展,包括邮轮旅游产业发展概况、我国邮轮产业发展现状以及文化创意与邮轮产业的关联;第二部分是阐述文化创意视角下邮轮产业成长的基本理论,其中包含三个方面:一是产业经济理论基础,二是邮轮产业基本理论,三是文化创意视角下的邮轮产业;第三部分是文化创意视角下邮轮产业成长的演化机理分析,首先对邮轮产业的成长周期与路径进行分析,然后运用产业经济学、系统动力学模型对邮轮产业的萌发、生成、升级的过程进行了生动的演化,并归纳出不同时期邮轮产业的成长动力因素;第四部分是实证分析文化创意要素对邮轮产业成长动力的影响,主要包含样本的选取、数据来源的选择、研究方法的确定、模型的建立与检验、过程的分析、提出的结论等;第五部分是基于文化创意要素的我国邮轮产业发展的成长路径设计,通过借鉴国外文化创意旅游的成功经验及实证研究结果,为我国邮轮产业的发展提出基本思路,深化邮轮产业与文化创意产业的融合,提炼邮轮旅游产业文化核心价值,优化邮轮旅游产业空间格局,打造邮轮文化旅游核心吸引物体系,完善邮轮文化旅游服务体系,并设计邮轮产业和文化创意产业进行融合发展的主要路径。

目　录

第1章

邮轮旅游产业与文化创意产业的发展

1.1 邮轮旅游产业发展概况

1.1.1 邮轮产业发展历程

以时间轴来衡量,邮轮产业的发展可以总结为三个重要时期:一是20世纪60年代末至70年代初的转型过渡期,二是20世纪80年代90年代中期的成长拓展期,三是20世纪90年代中晚期至今的繁荣成熟期。

1.1.1.1 转型过渡期(1960—1980年)

邮轮从原来的海上客运工具转型到海上旅游目的地,是因为原邮轮客运公司的客运量逐年递减,而迫使邮轮客运公司为缓解经营压力,不得已另辟蹊径去尝试新型经营模式——自20世纪70年代初期,往返于欧美大陆横跨大西洋客运班轮的客运量,从20世纪60年代的百万人次,一路猛跌到每年只有25万人次[①]。

然而即使另谋他法,新型邮轮运营模式依然经历了痛苦的转型阶段。在20世纪70年代,喷气式飞机的诞生终结了客运班轮单纯地作为交通工具的时代,原本作为交通服务的客运班轮逐步转换角色,试图转变成为休闲旅游的一种服务模式。然而当时的客运班轮由于空调等必备硬件设施的缺失、船舱设计住宿舒适性的缺失、船上公共社交空间的缺失,无疑为"客运班轮—邮轮"的转变带来了诸多绊脚石,暴露出了客运班轮想要转变成休闲旅游的服务模式的众多缺陷。此外,当时的游客并不了解"邮轮"的新型服务模式,还对邮轮文化的差异产生了误解。人们所

---

① 数据来源:CLIA邮轮产业年度分析报告

认知的"邮轮文化",仅限于金碧辉煌的内部装饰以及船上昂贵的消费体验。这段时期,当地游客成为邮轮目标市场的主要服务对象,邮轮航线也以本国观光城市为母港、挂靠港较多。也是在这段时期,嘉年华邮轮公司、挪威邮轮公司、铁行邮轮公司、皇家加勒比游轮公司前后计划并正式组建了富有公司文化特色的邮轮船队。

1.1.1.2　成长拓展期(1980—1995年)

由于各邮轮公司的不懈努力,邮轮旅游产品日益丰富了起来,游客对邮轮文化的认知也在逐步上升,邮轮市场不断衍生出新的枝芽,邮轮产业发展步入了成长拓展时期。在这个阶段,来自马来西亚的丽星邮轮公司切准时机,于1993年进军亚洲邮轮市场,由此该公司同时在北美、欧洲和亚洲全球三大区域,开展邮轮市场业务,成为名副其实的具有全球化效应的世界第一邮轮公司。

1.1.1.3　繁荣成熟期(1995年至今)

在北美和欧洲的一些地区,较早地进入了邮轮产业的繁荣成熟期。邮轮衍生出种类繁多的邮轮旅游服务,各个邮轮公司的激烈竞争使得邮轮市场被逐步分割。邮轮的停靠港口日益增多,邮轮航线灵活多样,平均航程趋于六至八天,邮轮游客的人均消费逐年递减,邮轮产业集中度逐年提高,产业经营规模收益明显。这使得越来越多的普通民众,尤其是年轻群体,加入到邮轮游客的队伍中,处于中等收入的游客成为邮轮市场的主要服务对象。

邮轮旅游产业发展迅猛,已成为当今世界旅游行业中一颗闪亮的明星。据国际邮轮协会CLIA统计,全球邮轮乘客数近年来以年均百万人次数量递增,根据国际邮轮协会(CLIA)统计,从图1-1可看出,2004—2017年,全球邮轮市场游客量从每年的1314万跃升到2580万,增长了88%。除了北美和欧洲,世界其他市场在过去的十年间无论是在市场需求量和市场份额来看,均保持快速的增长态势,从2005到2015年市场需求10年间增长了266.1%。

从图1-2可看出,2016年美国依旧为全球最大的邮轮客源地市场,邮轮游客年总量达1152万人次,中国以邮轮出境游客年总量达210万人次超越德国成为全球第二大邮轮市场,位列第三的德国邮轮游客年总量达到202万人次,位列第四的英国邮轮游客年总量189万人次,位列第五的澳大利亚邮轮游客年总量达到129万人次,加拿大与意大利邮轮游客年总量数均为75万人次,法国达到57万人次,西班牙与巴西的数量均为49万人次。

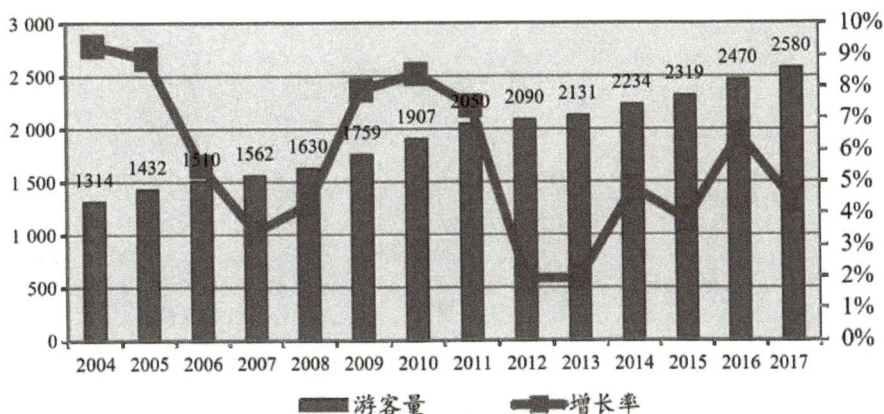

图 1-1　全球邮轮游客数量变化（单位：万人次）

数据来源：CLIA 邮轮产业年度分析报告

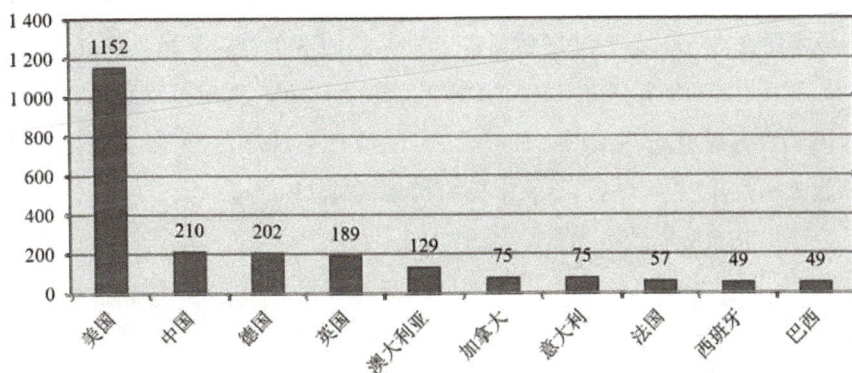

图 1-2　2016 年全球十大邮轮市场（单位：万人次）

数据来源：CLIA 邮轮产业年度分析报告

　　全球邮轮市场的高速发展主要是得益于亚洲邮轮市场的发展，亚洲地区是世界邮轮旅游市场中成长最快的新兴市场，也是发展最快的一个分区。国际邮轮协会（CLIA）宣布 2017 年全球海上邮轮游客人数达到 2 670 万人次，远高于预计的 2 580万人次，比 2016 年的 2 470 万人次同比增长 8%。亚洲市场占 2017 年全球邮轮客运量的 15% 左右。中国、中国台湾、新加坡、日本、中国香港、马来西亚和印度等地的客源市场同比都有两位数的增长，这 7 个地区跻身全球前 20 位市场排名。增长最快的市场是中国香港和马来西亚，这两个市场从 2016 年起平均增长超过 80%。

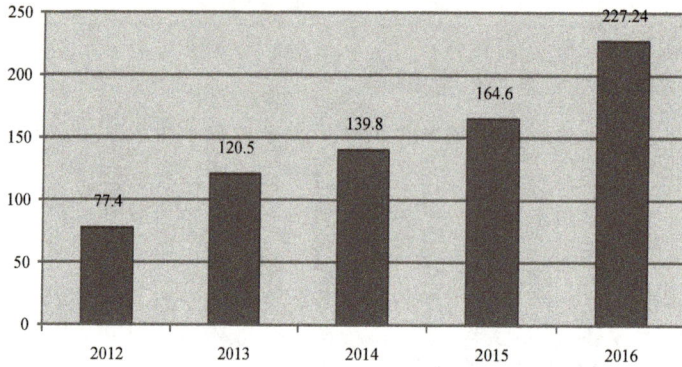

图 1-3　亚洲邮轮市场客源量变化(单位:万人次)

数据来源:CLIA 邮轮产业年度分析报告

　　从 2016 年亚洲邮轮市场客源地分布来看,中国大陆占比 47.4%,为亚洲第一,中国台湾占比 11.1%,新加坡占比 8.8%,日本占 8.6%,中国香港占 6.1%,印度占 6.0%,马来西亚占 3.0%,印度尼西亚占 1.9%,韩国占 1.7%,菲律宾占 1.6%,泰国占 1.2%,越南占 0.9%。其中 40% 的游客是 40 岁以下。从中可以看出,中国是亚洲最大的邮轮客源市场,亚洲最大的旅游目的地日本、韩国占到的客源比例较小,两者加起来不足 10% 的份额,不及中国台湾地区的 11.1%。

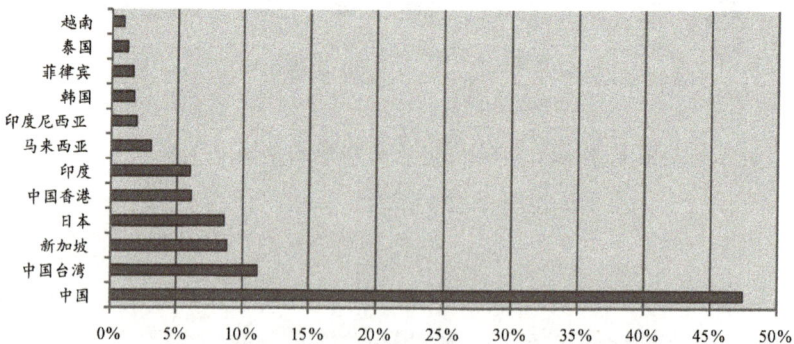

图 1-4　2016 年亚洲邮轮市场客源地分布情况

资料来源:CLIA 邮轮产业年度分析报告

　　邮轮产业是一个复合型的产业,不仅涉及传统旅游的吃住行游娱购,还包含休闲度假体验,是高层次的旅游产业。随着邮轮规模的日趋大型化,功能设施更加完善,邮轮已经从"漂浮在海面的五星级酒店"转变成为"漂浮在海面的城市"。而邮轮文化的内涵和呈现形式也随之不断变化并且不断创新,从邮轮本身的命名、装潢、餐饮、娱乐、休闲方式等不断向邮轮全产业链延伸,可触摸、可感受之处皆文化,每一艘邮轮都有其独一无二的历史、气质、艺术、科技等特性文化。

英国首次提出了文化创意这个以文化为代表元素、融合多元文化、整理相关学科、利用不同载体而构建的再造与创新的文化现象。文化创意具有"三高"的特点,即高渗透性、高增值性及高融合性,这就致使了文化创意与邮轮旅游在很多分支中产生了交叉融合渗透,并且随着两大产业各自蓬勃的发展,交集更是不断壮大。较早可以追溯到欧美邮轮市场中的旅游与文化产业融合,那时每一艘新邮轮的下水仪式都是一场规模浩大、盛况空前的隆重仪式,在邮轮的命名、教母选拔、下水仪式的设计和全过程的宣传等各环节都融合了创意、会展、时尚、艺术等相关产业。中国邮轮市场也不例外。2015 年 12 月 2 日天海邮轮将"中国好声音"带入邮轮,用音乐开启"音乐文化＋邮轮"的新模式,皇家加勒比公司的海洋量子号上的"北极星""机器人调酒师"等高科技体验,就是"科技文化＋邮轮"的体现。邮轮正以其复合化、多样化的非凡旅游体验作为吸引游客的核心价值与竞争优势。由此可见,文化创意已逐步成为现代邮轮产业发展与升级的核心驱动因素。

1.1.2　邮轮经济

所谓的"邮轮经济"指的是邮轮及其相关产业的经营和发展,最终形成多个产业协同发展,携手走向繁荣的经济发展愿景。从广义上讲,邮轮经济就是包含邮轮设计、修建、维护与保修、邮轮市场运营、邮轮企业管理、港口以及所有相关配套体系等生产性和服务性要素资源的总和。因而从这一意义上看,邮轮经济在内涵上跟邮轮产业链的内涵类似。但从狭义上看,邮轮经济仅仅是指邮轮抵达港口之前、准备在码头停靠时,在停靠与离港期间,进行的所有经济性活动,最终使邮轮市场得以建立。另外,邮轮港口在等级上有明显的差异,一般分成了母港、停靠港以及小型港口等,有些研究者提出,母港在经济驱动力方面是普通港口的 10 到 14 倍。

国外在邮轮旅游带来的经济效益方面进行的研究,多数集中于邮轮产业的发展对当地经济带来的影响,研究区域多数为北美区域、欧洲区域、拉美区域、亚洲区域与大洋洲区域等。学者 Abbas 和 Lee 曾对加勒比区域的邮轮在经济上产生的影响,做了深入研究,并取得了一定的研究成果。在 1989 年 Abbas 将研究重点放在了邮轮业的发展对加勒比岛屿类发展国家所带来的经济影响。他的研究结论为,20 世纪的 70 年代到 80 年代期间,国际邮轮业由于发展速度很快,因而使岛屿类国家在经济上得到了较快的发展,而之所以会带来此类经济发展效应,是由于政府制定了政策,为经济发展创造了好的条件,通过增加对邮轮港口在经济上的投入,吸引了较多的邮轮到该港口,从而使经济获得了较快发展。Lee 博士分析了当下运营着的属于英国殖民地统治范围内的多个邮轮港口,就像安提瓜港口、巴巴多斯港口、巴哈马港口与牙买加港口等。由于这类港口深受英国文化的影响,如果可以完善与此类港口有关的设施,将能够促进这些地区经济领域的发展。

如表 1-1 所示,在 2014 年游客与乘务员岸上的旅游观光总量约为 0.22 亿人次,大批人选择了海航观光,世界所有的母港与挂靠港所形成的邮轮产业,为世界经济带来的收益总额是 1 199 亿美元[①]。且这一数据还包含着邮轮自身出售的商品与服务类费用。

表 1-1　2014 年度邮轮产业全球的经济贡献

种　　类	全　　球
游客及乘务员岸上的旅游观光	0.22 亿人次
总产出贡献	1 199 亿美元
总就业岗位贡献	939 232

资料来源:CLIA&BREA

目前全球学术界大多数都是研究邮轮产业给所在地的经济产生了何种影响。鉴于受到 CLIA 的邀请,BREA 曾经对世界的邮轮业做过一个评估,并预估了在2014 年中邮轮业将给世界经济做出的贡献。而分析的内容主要为:旅客来源、终点市场、世界邮轮队伍分布状况、旅客和乘务人的开支等,还包含了其对该国或是某一区域的经济发展产生的影响。

涉及邮轮港口经济发展情况的分析。Chase 与 Lee 两位博士曾经研究了全球在邮轮业方面的发展情况,邮轮业在一定阶段的发展也将带动港口所在地经济的飙升,从而推动港口市场上需求量的较快增长。最终都认为需要在邮轮港口中构建有关的必要类因素,具体为:邮轮港口的规划、邮轮所需的基础性设备,还包含着怎样向港口拥有方或者是运营方供给扩展大型邮轮港口的挑选条件,从而使得乘客有更多选择,并更好地为邮轮的往来创造良好条件。港口越是条件好,可以更好

---

① 　数据来源:CLIA&BREA

地吸引邮轮停靠,吸引更多的邮轮集聚,可以大大促进当地的经济发展,获取外汇,使当地的就业率得到提高,并提高邮轮业务中的管理水平,从而使更多的人对城市形成良好的印象。

1.1.3　邮轮游客

1.1.3.1　邮轮游客行为特征

北美地区的邮轮游客占全球的比例一直很高。多数的研究人为北美的学者,有些国外的学者更加侧重于从理论上进行研究,就像 Mackay 与 Careen 两位博士,他们采用实地考察的方法,对各类旅游团体的游行进行了记录,并对其从人类学的角度进行了分析,对邮轮出游个体行为与个人间的相互作用做了深入分析,还对游客最终选定的终点与自家的距离进行了研究,以及这类出游方式能否产生足够的趣味,还包括人跟人间在情感方面做的交流也进行了考察,发现邮轮出游正好都具备上述的功能,能够帮助个人提高社交能力。人类学和娱乐的融合,让作者意识到娱乐也可以当做一种认识方式,使个人的生活充满更多的趣味,从而增加个体在社会上的影响力,并且还可以促进人跟人间的交流,形成新的友谊。尤其是对年龄较高的旅客而言,鉴于更清楚邮轮出游具有的精神,因而这类集体出游为这些人提供的是一类十分关键的娱乐感知,这类感知具有的价值早已高过游轮具备的物理价值。Stansberry 研究了邮轮出游对旅客的信心产生的作用,主张此类体验可以提高 40 岁之上人的自信。James 博士还站在行为学的视角上,依据价值观、个人态度以及特性等方面,进行有关研究,主张邮轮游客在文化价值方面可以被当做英雄,从积极作用上看它是一个非正常人。从人文主义和个人主义价值体系上来看,邮轮旅客看上去似乎偏离了日常社会的正常生活,但现实是其对个人的身心有着积极影响,有利于个人的健康发展。

Teoman 和 Mattilab 以情感因素作为立足点,分析了邮轮旅游的发展历程,研究了情感以及价值等方面的体验对游客满意度带来的影响,最终提出了邮轮出游的真正意义在于情感上的新体验。邮轮乘客的情感体验、个人行为跟旅游的趣味呈正相关关系。Hatltn 对香港地区的邮轮旅客决定选择邮轮出游的理由以及满意度进行了分析,并且构建了评估服务绩效的系统,研究中采取了结构化面试,对五艘游轮的 300 多名访谈者进行了抽样调查,运用 Logistic 回归分析,完成数据处理。研究表明,游客选择邮轮旅游是以"远离日常生活""社会互动派对"和"可忍耐的环境与景观"为主要动机的。另外,食品饮料、娱乐设备、娱乐性服务与职员服务品质等多个因素,也成为影响旅客进行选择的主要因素。在 2000 年 Mancini, M.

Cruising 曾分析了邮轮制造行业的发展对邮轮旅游产生的有关意义,研究了旅客最终选择邮轮出游的原因,并详细地记录了旅客在邮轮游行期间以及邮轮达到终点地的行为,从中找出了其发展规律,还分析了邮轮上各个工作人员工作分配的一般规律。

1.1.3.2　邮轮游客旅游动机

一些研究者对邮轮旅游者的旅游动机进行了研究。如 Marti 曾对名为皇家维京女皇号的邮轮进行过研究,根据其调研结论,发现旅客有 95% 左右的人认为邮轮出游是一个不错的选择,而有 70% 的人称有重新乘坐的意愿。Teye 与 Leclerc 两人对在加勒比海游行过的一些旅客做了调查,有 93.6% 的人对游行表示基本满意,而有 85.9% 的人选择了重新出游的选项,另外还有高达 87.3% 的人很乐意向自己的朋友引荐邮轮出游。正如 Qu 与 Ping 两人做的有关调查显示,在香港地区多数旅客选择了邮轮出游,主要的原因为想逃离正常生活轨道,参加社交类的集会,使自己享受美的自然景观与海上风景。Hung 与 Petrick 两人都提出了邮轮出游的原因包含了自我尊重与社会了解、逃离与缓解压力、学习、接触新事物与刺激以及绑定等有关方面。一般邮轮旅客对游行有着很高的认可度与忠诚度。此外,很多研究者还对影响邮轮出游行为选择的因素进行了分析。

1.1.3.3　旅客市场

Hobson 依据邮轮出游市场中服务客体的差别,将邮轮市场分成了大众型市场、中级市场、高端奢华市场以及特殊市场等有关类型。大众型市场是为中下阶层的群体提供这方面服务的市场,而中级市场的服务群体为中上层的人士,高端奢华市场则为上层人士,特殊市场针对的是那些有特殊需求或是具有冒险精神的群体。Miller 和 Grazer 两人曾依据客体忠诚度的差异,将旅客划分成倡导人、忠诚方、逐利者、人质者与游击者等五个市场。而 Thurau 等学者还依据游客的个人喜好把巴拿马运河航行区上的五艘邮轮旅客划分成文化追密者、行动冒险人、一般旅客以及自然探索旅客等四种不同类型的市场。

1.1.3.4　邮轮旅客跟别的游客进行的对比性分析

Morrison 等人曾对邮轮旅客跟陆地度假村游客(这里包含了沙滩旅客、赌场旅客、滑雪游客以及夏天乡村旅客)进行了对比性分析,主要是依据人口统计学的有关特征、出游方案、活动参与手段、出游体验和普通出行态度等有关方面进行了详细地研究,提出了邮轮出游的旅客跟所有其他出游者相比,前者更愿意花费更多的时间来规划自己的旅行,并且多数旅客会选择跟团游行,并且对游泳项目、潜水项目、健身以及氧气运动等各个活动的参与热情十分高。Moscardo 等人也曾把邮轮旅客跟别的出游者的游行态度、活动参与的积极性与评价等多个方面做了对比分析，从中看到邮轮出游跟沙滩游行、夏季出游、赌博游行、夏季度假、城市旅游以及主题公园进行对比，它们间既有一些共性，也有各自的特性。特性体现在沙滩以及夏季度假的旅游所提供的有些项目跟邮轮出游极为类似，从而使邮轮出游变成了海滩与夏季度假观光地的主要竞争对象，全球邮轮市场规模如表 1-2 所示。

表 1-2　2005—2015 全球邮轮市场需求状况（单位：百万乘客数）

地区	2005	2009	2010	2011	2012	2013	2014	2015	10 年增长率
北美	9.96	10.4	11	11.44	11.64	11.82	12.21	12.17	22.1%
欧洲	3.15	5.04	5.67	6.15	6.23	6.4	6.39	6.59	109.2%
小计	13.11	15.44	16.67	17.59	17.87	18.22	18.55	18.76	43.1%
其他地区	1.21	2.15	2.4	2.91	3.03	3.09	3.49	4.43	266.1%
总计	14.32	17.59	19.07	20.5	20.9	21.31	22.04	23.19	61.9%

资料来源：CLIA

关于邮轮市场上需求发展变化的研究。Henthorpe 分析过邮轮游客在邮轮上乘坐时间的长度。研究表明，多数人会选择三四天和一周的行程时长，接下来很多游客将会制定一个十天、十四天或是二十一天的出游计划，这一出游时长在国外较为流行，并成为一个主流趋势。而在北美地区，乘坐邮轮出游六天到八天左右的比较常见，达 59%，当中很多人十分乐意选择等到邮轮到达目的地时，上岸游行和参观。还有某些邮轮企业构建了私人岛屿，以此为旅客打造一类可以跟世界隔绝的出游感知经历。

1.1.4　邮轮旅游的影响因素

1.1.4.1　经济影响

邮轮旅游是否能带动区域经济的影响增长是邮轮旅游研究中最重要的领域之一。多年来，多数学者对其做了研究，还得出了极多的研究结论。研究范围包括了迈阿密、维拉港、哥斯达黎加、夏威夷、加勒比海等重要港口。

1.1.4.2　社会文化制约

邮轮出游对社会文化带来的积极作用主要体现在：增强文化交融，这里内含着旅客、旅客与暂歇地居民间进行的文化沟通。并且邮轮自身就是一个进行社交的平台,旅客在游行中形成暂时性的社会组织,构成了邮轮文化。具体而言,游行时间很长的邮轮旅客在年龄上都偏大,通常多为收入较高的退休职员与夫妇,这些人偏爱安全度高、舒适以及团队出游的旅行。他们常在游行中间选择参加岸上游览活动,还会加入所在地居民的各类活动中,比如:卡瓦仪式、土灶进行的烹饪、钓鱼项目等;而出游时间较短的邮轮旅客一般是青年跟家庭成员偏低的群体,出游较短的邮轮常会选择一些城镇完成停靠,多数旅客也只会在海滩上散步,观光当地的酒吧或是买些价格不高的纪念物。这些人对他国的文化没有很大的兴趣,因而对其文化带来的影响也十分有限。对于一些规模不大的岛屿型国家来讲,空间是一种重要资源,在空间上发生的竞争很激烈,邮轮运送的旅客使当地有限的空间更加拥堵,一些地区在邮轮进行停靠后,需要当地的居民尽量不出现在商业核心区域。据悉,由于外来文化的影响,造成了一些加勒比游行景点中当地语言的流失,还有一些景点中的居民对国外旅客的生活方式非常习惯。邮轮出游必定会对社会带来一些负面作用,这当中当然也涉及了精神方面。Smith 等人曾对澳大利亚国家西北部区域的金伯利进行过分析,发现当地居民普遍会对邮轮旅客不经当地同意,就进入其领地的行为感到厌恶,还有某些旅客做出的行为跟当地已有的风俗产生冲突,这经常让当地居民感到愤慨。

1.1.4.3　环境影响

许多研究人员研究了邮轮旅游对环境的影响,涉及动物栖息地的丧失,沿海沉积环境的变化。邮轮出游对环境带来了污染,无论是旅游行为对生物界带来的干扰,还是邮轮出行排出的温室类气体,都对环境有着负面作用。

1.2　我国邮轮产业发展现状

近年来,随着邮轮产业的快速发展,有关邮轮产业方面的研究成果也逐年上涨。把邮轮当做主要标题在知网上进行搜索,如图 1-5 所示。总体上看,学术界对这一问题的关注度很高,但研究质量有高有低,另外,在资料挖掘、实证性研究等方面还存在很大的缺陷。这两年间也出现了一些硕博类学位论文对这方面的问题进行了分析,在数量上也在不断增多。通过对相关资料的梳理可知,我国研究者将重点放在了邮轮业发展态势与邮轮涉及的具体问题上。有关邮轮产业讨论主要集中在研究邮轮产业的经济特征、邮轮发展对当地经济带来的作用、邮轮发展动能的转变机制、邮轮经济跟沿海周边地区经济的关联、邮轮出行航线的分布结构、邮轮产业的完善、邮轮市场拓展等有关问题上。有关邮轮问题分析主要集中在邮轮港口竞争力分析、全球化下邮轮公司该如何经营等。

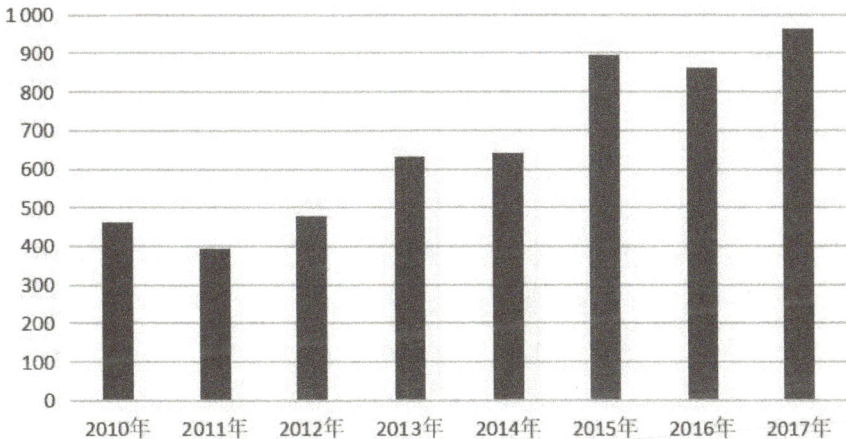

图 1-5　2010—2017 年有关邮轮主题的中文文献数量分布

资料来源:中国知网

1.2.1　邮轮经济价值

在邮轮产业链的发展上,现代邮轮业已经形成经济效益高、经济驱动力强、区域辐射大的特征。国内学者张言庆(2008)认为邮轮行业具有很大的特色:经济效益好、集聚度高、规模运营、寡头垄断、不均衡发展、季节性发展差异等,从而探究了现代邮轮业若想实现更好的发展,就必须在产业链上实现巨型化发展、主题鲜明、近程化运营、联营化发展以及特色化管理等,因而国内的邮轮业要获得较快发展,就需要在以上的这些领域进行长久的努力。

针对邮轮经济对于当地经济发挥的作用问题,在 2008 年中国研究者栾航曾将北美区域的邮轮市场资料进行过分析,通过对单个邮轮在母港或是其他停靠港中获得的数值,对不同地区经济产生的作用进行了衡量,结论为邮轮港口在经济上具备的影响力相当于服务港口的 2 倍。之后,根据美国地区的邮轮,在同一方面进行考察,采用了一样的比例,了解到母港的经济势头和停泊港口的比例呈下降态势。

邮轮在经济上带来的效益并不是忽然就有的,它实际上以有关产业相连而引发的。邮轮业形成了传导机制,该项机制要发挥作用,不能缺少政府支持、大的市场需求、邮轮经销人以及邮轮旅客等众多因素,这些因素只有相互作用,才能使这一机制运转起来。一般邮轮发展趋向受到政府影响,政府会制定出有关的发展规划与政策,来明确该产业可以依据的发展政策以及基建类设施,而这类发展规划将会直接对市场需求量产生一定影响,从而影响到该行业在旅游方面的市场价格,将帮助邮轮运营人提高在该行业的投资,使中国邮轮在市场上的需求量得到增加,最后成功实现整个邮轮业收益的提升,为国内经济实现较好发展提供动力。

邮轮经济效益并不是唾手而得的,而是通过政府引导、邮轮发展需求、邮轮经营人以及邮轮旅客等多个因素间的相互制约所构建起一个完整的传导机制,通过该机制的运转而实现的。邮轮在经济上的发展规划通常是国家政府所制定的,政府将会在有关政策与方案中明确产业在未来的发展目标,以及在基建类设施方面的修建,从而会使邮轮市场在需求方面受到影响,因此会使邮轮出游中的市场价格也随之而发生变化。从这里得知,政府的政策与支持将会使邮轮运营人更加多地将资金投入在该行业,从而将会使中国市场上的邮轮出游得到更好发展,进而提高旅客需求,这样将最终拉高整个邮轮业在经济上的发展总量,使其在整个国家经济中做出较大的贡献。

邮轮业对一地经济的发展有着重要的影响,而要更好地发挥出邮轮业的经济效益,就必须建立更为完善的邮轮产业链,使该行业的布局与运营更加科学。在2009年杨丽芳通过对邮轮各个码头、邮轮出行航线、邮轮码头所在城市等多个方面,对国内邮轮产业链的发展空间进行了研究。采用了 SWOT 的研究法,归纳了国内在邮轮业上产业发展的优劣势,指出中国邮轮行业在产业上具备较好的政策条件、相对好的地理位置、较多的邮轮需求者。另外,还认为国内邮轮业在产业结构上还存在一些缺陷,如邮轮产业链上游邮轮制造业空白,低端型的邮轮公司,邮轮从业者环保意识与行动力不强。

1.2.2　邮轮产业链

在2010年朱文婷曾对邮轮产业链整体的构造与分布进行过分析。最后认为邮轮业在市场上能够完成供应,主要得益于邮轮的支撑产业、服务业与旅游业的发展以及融合,从邮轮业的发展需求上考虑,其需求源主要来自邮轮经营方与邮轮上的各类游客。本书分析了邮轮供应市场,旅游服务业和邮轮相关配套产业的邮轮产业链的作用,利用满意度评估方法,曾对国内的整个邮轮产业链带来的作用,做过一个完整的分析。分析中发现当下国内邮轮产业链之所以发展上受到了制约,主要是由于以下四个方面:港口功能相对简单;供给能力不强;旅游服务类产品十分单一；邮轮业缺少企业间的联合，相互支撑作用不明显。正是这些领域的制约导致国内该行业中的产业结构不完善。

邮轮产业链具有的性质将会在与该行业有关的经济方面展现出来，并逐步形成产业链或者是价值体系。若邮轮旅客与邮轮主营公司当做核心，就意味着现代邮轮具有运输、住宿、餐饮、旅游等多项服务功能。还可以从邮轮公司的整个发展链条上系统地对该公司出售的各类旅游产品进行研究。还有一些中国的研究者从产业链的运营管理视角上，把邮轮业中的制作业也归纳进了邮轮旅游当中，形成了邮轮企业当做整个邮轮产业链的中心环节的运营模式，并根据有地域特色的邮轮旅行进行了结合，认为应该构建以邮轮为中心的邮轮发展链条，将其供应价值发挥出来，还站在供应方的视角上，对邮轮业的结构与具体环节，以及不同环节间的联系进行了分析，提出了应该实施最优平衡措施。

在这两年间邮轮业在产业结构上开始走向了一体化，尤其是在价值上，其发展历程为邮轮的制造业与不耐用产品一直到邮轮航行、到港以及最后离船等全部过程。邮轮也在产业上渐渐完成了升级，这不只是得益于较大的市场需求与良好的基础设备，而且还要靠整个服务行业联盟和全球统一指标数值制定组织等有关环境，提供的良好发展前提。中国有研究者在对其进行分析后，提出邮轮业本身具备着天然的聚集性与拓展性，它的集聚性能够在邮轮制造业制作的各类硬件上得到体现，并且最后所呈现出的各类服务产品，将其良好的软设施一面进行了反映，其发展拓展了跟邮轮港有关的各类服务，甚至它对国家的任何一个行业的发展都有一定影响，发挥了自身的扩张作用。而邮轮企业与邮轮上的各类旅客必定是邮轮整个产业中的中心部分。鉴于这是一个新兴的出游方式，并成功地吸引了多数游客，推动了国内邮轮市场的扩张，造成了邮轮经济当中规模效应的出现。

在邮轮业的整个发展历程中，从其产业成熟度上看，属于一个相同的邮轮产业，或者是与邮轮有关联的产业，因为各自之间的某些相同点与互补功能，使其在空间上呈现出了集聚的分布特征，还由于各类因素间的作用与融合，使这一产业具备了高度集聚的特性，并且这一特征延续至今。一般邮轮产业链还包含了运输、娱乐、休闲、旅游等项目，由邮轮港建设、邮轮服务、物流服务、交通运输、旅游消费、酒店餐饮类服务、金融产品等多个领域构成产业链条。依据国外邮轮在旅游业上的发展情况，据估算，一艘邮轮当中的旅客相当于六架飞机的载客量，多数旅客在抵达港口后会购买商品，因为大多数的停靠点会选择在国际性城市，这些城市有着大量的游客，因而这可以拉动当地经济的发展；此外，邮轮还将为旅客提供其他的服务,像住宿、就餐以及港口等。当前一些港口城市以及与邮轮业的发展有关的支撑性行业,都在旅游方面面临着市场的挑战。此外,服务、港口中的景观以及有关的发展行业也会在市场上面临多项挑战,对其进行的维护,也可以使造船技术得到较快的发展。

孙晓东与冯学钢在 2012 年提出了邮轮产业的整体构造理论,指出其具体包括了邮轮前期的设计,邮轮的具体研究,邮轮进行的运营、修缮与管理,与邮轮发展有关的服务等。产业链实际上包含了邮轮具体的构造、运转以及消费等相关部分,这些不同部分间会发生互动,而对邮轮产业链进行的开发,一定要遵循普遍规律,都认可的是自然本身的环境将成为邮轮产业链实现发展的物质性条件,因此在对邮轮业的产业进行发展时,必须要考虑生态与资源最高的承受力。邮轮产业系统见图 1-6。

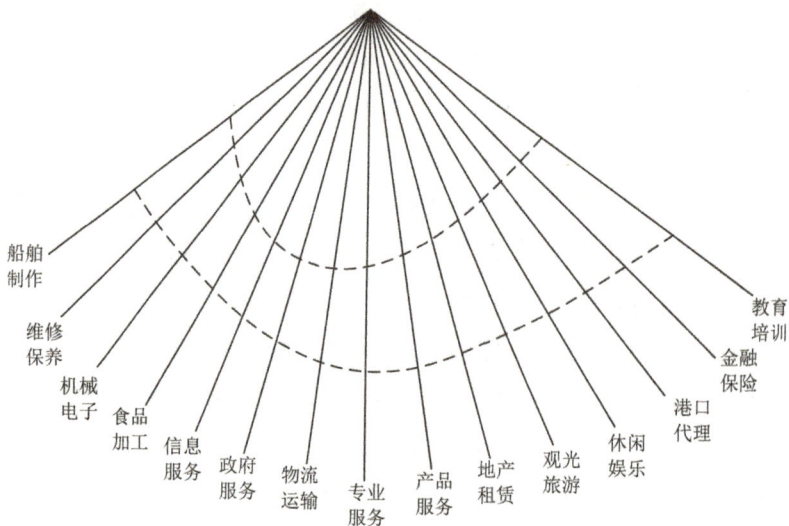

图 1-6 邮轮产业系统

资料来源:《中国邮轮产业:研究现状与展望》

在 2003 年姚明宝主张,邮轮本港所引发的经济效应,实质上是一种扩散性的效应,它能够辐射到更多的经济地区,因而是可以将邮轮港当做直邮类邮轮产业的发展中心,这样一来邮轮产业的覆盖范围就更大,能够将所有区域覆盖到,并使当地的经济更加活跃,相关行业更紧密,经济发展强劲,确保产业的集群效应长期发挥作用。总之,大致上形成了"中国邮轮港"发展的客观依据。

在 2012 年学者王晓刚曾利用灰色关联度的研究方法,对我国青岛在邮轮方面的经济发展状况做了深入分析,并发现看似无关的两个因素,鉴于其对发展有重要影响,从而致使发展方向是相同的。他的观点是青岛地区在 GDP 上获得的灰色收益状况,与该地的旅游业发展有着密切关系,另外,青岛在邮轮上发挥的集群效应也将受其影响,最终针对青岛地区邮轮业在集群效应的发挥问题进行了分析,提出了有关措施与意见。

在对邮轮中的具体问题或是细小问题进行分析中,曾经有人对中国邮轮业的研究成果进行过系统的梳理,发现多数研究集中在了邮轮当中的制造行业、港口研究、港口的具体规划、港口具备的竞争力、企业运营水平、职员专业程度以及政府制定的有关政策等众多方面进行了研究。为了评估邮轮港口,在 2008 年陈紫华为了可以对邮轮港口做出科学的评估,他将竞争力、停靠港口自身的经济效益、港口享有的支持等主要指标,当做了二级评估因素,并在这些因素下具体划分了 24 个指标,构成了一个指标评估系统,对国内的八港口做了 PCA 分析与待评估,并将这些港口划分成四种类型,具体为:第一种为上海;第二种为天津、青岛与大连;第三种为宁波和海口。国内学者胡建伟与陈建淮两人在 2004 年采用产业链领域中的一些理论,从地理核心、职业灵活度、竞争和合作、不同发展路径、宏观条件、政策和创新等多个领域,对邮轮产业链的整体发展进行了深入分析。研究从独特性、可扩展性和附加值方面在中国发展邮轮产业链的必要性中提出阻碍邮轮产业链发展和国家产业链动态机制的制约因素。

根据国外在这方面的研究,邮轮产业链也只能是由邮轮工厂、邮轮企业、邮轮停靠的码头以及跟邮轮有关的行业等多个产业所形成的。我国要想在邮轮产业链上有更大发展,就必须组建自己的舰队,而创制出科学的邮轮船舶将是实现该目标的关键。不可否认的是国内邮轮企业自身的运营水平十分有限,而且经验不足,但能够借鉴国外邮轮企业的经验、运营方式、前期规划、市场调研、盈利模式等多个方面,通过实地考察的方式,增加我国此类企业运营的有关经验。具体包含了邮轮中的港口修建、旅游发展方案以及市场培育形式等经验。因而,邮轮只有在设计上实现了完善的发展,才可以推动制造业的发展,这是中国在邮轮产业实现升级必定要面对的一个问题。

1.2.2.1　邮轮产业链具体的构成

整个学术界中普遍认为邮轮产业链有两个不可少的组成部分,一个是邮轮公司,另一个则为邮轮停靠的那些港口。邮轮制造的上游部分主要由以下主要公司控制,意大利国家中的芬坎蒂尼企业、隶属法国的大西洋船厂和德国的迈尔船厂、芬兰的 AKER 集团(其握有马萨与芬亚德等船厂的管理权)等;而在邮轮业的整个产业链条上属于中游的公司,实际上在全球也没有几家,它们多数分布的地区为北美,当中运营规模最大的一家为嘉年华集团,其在美国运营,接下来是皇家加勒比的国际类邮轮,当然还有许多别的邮轮公司,像挪威邮轮以及丽星邮轮等。

中国邮轮产业链的结构应该是:邮轮造船、邮轮公司和港口业务,邮轮相关产业构成了上、中、下游。目前,中国邮轮行业在整个邮轮产业发展链条上仍处于下端,尤其国内还是邮轮制造业领域的空白,多数驶入国内的国外邮轮,会享受到中国为其提供的一些服务,主要是通行与支援等方面的服务。

1.2.2.2 邮轮产业链的价值创造

在分析了产业链价值创造研究结果后,笔者认为产业链的价值创造是各个行业在运行中所形成的价值总值。在邮轮的整个链条上产生的价值,都是由于邮轮的运行所带来的,并将其形成的价值划分为三个部分,分别是:运营中形成的价值、产业链的构建形成的价值与开创最后一环形成的价值。每一部分的价值创造又由产业链上的上游、中游及下游价值创造相加。

上述的一些研究已经对邮轮产业链的具体构成做过一个详细地分析,并将其分成了邮轮的制造业、邮轮运营的公司以及停靠的港口、跟邮轮业发展有关的支撑类产业。所以,在邮轮业的所有发展链条上,任何一个环节都将影响整个行业的价值总和,整体产业链的价值创造也由这些部分形成的价值所构成。任何一个环节形成的价值,都可以分成公司创造的、购买者创造的。文章提到的价值创造具体为社会性价值,而公司创造的价值主要指向的是其对社会做出的贡献,像某一公司对所在地经济的拉动作用,在 GDP 上做出的有关贡献,而购买人对整个社会带来的价值,实质上就是公司所赢得的那些销售额,由于购买者对当地带来的经济影响,能够从不同行业的销售额中得出,因而公司获得的销售额将等同于购买人消费的总量。再举一个例子,邮轮在进行制造时,这个过程可以看成制造公司在为社会贡献价值,另外加上购买者的社会价值,也就是制造企业对所在地经济与邮轮公司那年的销售总量。与产业链上的中间层相类似,邮轮公司以及港口运行所形成的价值就是它们提供的各类服务与自身获得有关收益,为所在地经济做出了贡献。类似于产业链的中间部分,邮轮公司和港口运营的价值创造也是邮轮公司和港口服务为当地经济所做出的贡献,就是这两家公司所创造的价值,也就是两家公司在营业中所获得的总收益。邮轮业在其整个产业链上形成的价值,具体到各个环节的展示图,将在之后的章节里进行详细的说明。正如上述的内容,实际上邮轮业在整个产业链上形成的总价值,是由各个环节的价值、产业链整体运营的价值、产业链构建形成的价值所构成的。而邮轮业的整个产业链形成的价值就是由上游部分的制造业形成的价值、中游部分的邮轮企业与港口运转形成的价值、下游跟邮轮有关的产业带来的价值所构成的。根据上面的结论,可知邮轮业产业链所形成的价值总值是由邮轮的运营价值以及邮轮的建造价值两大部分所构成的。

1.3　文化创意与邮轮产业的关联

1.3.1　邮轮文化

随着中国邮轮经济的迅速推进,近些年针对其的研究成果也在不断地涌现,尤其是针对邮轮文化领域的研究更是如此。沈瑞光(2007)基于邮轮经济的基础上对邮轮文化进行了研究。一是经济产物,邮轮文化贯穿在产业链全过程,是经济发展到一定阶段的产物;二是依托载体,这取决于城市文化和区域文化、交通文化等;三是文化性,其中包含国际方面的文化和各国通用的礼仪文化;四是文化的聚合,在产业链汇集诸多资源的基础上,形成了在文化上的集聚。丛剑梅(2012)总结了邮轮文化作为一种综合文化表现,包括经济、产业、旅游、城市、休闲娱乐、交通、地域以及仪式等方面的文化,具体见表 1-3:

表 1-3　邮轮文化的特征

文化表现	特征简括
经济文化	邮轮文化是在经济上和文化上彼此紧密融合的一种典型文化模式
产业文化	邮轮文化是在产业发展过程中逐渐发展起来的,对于促进产业链上的各个环节的发展具有推动作用
旅游文化	其具有旅游文化当中的诸多属性,属于旅游文化系统当中的一个组成部分
休闲娱乐文化	当前,邮轮已经成为世界上许多国家的人民最受欢迎的一种休闲娱乐场所
城市文化	邮轮文化在某种程度上也属于一种城市文化,其必须要依托于港口城市才能壮大
交通文化	邮轮文化由于其固有的属性也是交通文化的一种
区域文化	不同区域的邮轮文化,其表现出来的特点也各不相同。同一地域当中也包含了核心和边缘区域
礼仪文化	由于邮轮文化是面向国际的,因此其也是国际文化的组成部分

资料来源:《邮轮绿皮书:中国邮轮产业发展报告(2017)》,社会科学文献出版社,2017.

李鹏举(2014)在对邮轮文化进行具体分析的过程中,从结构构成的角度把邮轮文化分成了物质、精神、行为和制度四个部分,并在此基础上对我国当前的邮轮文化上存在的认知问题进行了具体分析,指出必须要将"官、产、学、研、游"有机结合起来,发展邮轮文化的过程中以物质为基础,体制先行,精神为主体,行为为方向来提高中国的民众对邮轮文化相关的认知和认可。

吴明远(2014)从旅游开发的角度,在邮轮公司、旅游者以及旅游最终的场所对邮轮文化进行了分析,详细地论述了当前邮轮文化的现状以及我国在邮轮文化发展过程中存在的问题,并针对具体的游客行为,提出了相关的对策。

邱羚(2014)指出,邮轮文化是在邮轮经济的发展过程中产生并发展的,其作为一种具体的文化形式,可以划分为环境、城市、行为、多元等几个文化方面,并指出邮轮文化将对邮轮行业的发展产生重要影响。

1.3.2　文化效用

徐经泽(1986)指出,可以将文化价值划分为效用和再生价值两大类,效用价值即对事物有效性的直接满足,同时他还依据需要层次的差异将文化的效用价值划分为了最低水平的身体需要,即通过物质文化来进行生活必需品的生产;对人们心理需求的满足;以及文化在社会团体中发挥整合作用三个方面的内容。

曹正汉(2005)通过对费孝通村庄研究个案的深入研究,论证效用价值,不同文化背景的个人其效用价值也各不相同,并指出要想使用效用最大化的模型来对个人的行为进行研究,首先必须要对其文化背景做具体的解释。

文化效用理论方面的研究比较薄弱,许多学者都在谈论不同行业当中文化效用的作用。陈永辉(2006)认为,从武术的角度来看,其文化效用主要体现在以下五点:一是强调斗争,生存规则和竞争上的客观公正;二是树立强身健体的意识,身心健康,和谐发展;三是要创造一个综合的个性特征,对武者的品格和情操进行培养;四是提升普通民众的审美水平,丰富其日常生活;五是确立整体意识和大局观,崇尚集体主义。李洋(2014)则着重对数学领域当中的文化效用进行了讨论,指出在学习数学的过程中不但可以获取知识,还能够让自己的文化内涵得到提升,而这种题设主要体现在数学的思维模式自己寻找生活当中的灵感上。张静(2011)以晚清文学小报为研究对象,总结了该报"新闻政治"与"消遣娱乐"所体现出来的文化效能。辛炯(2008)则认为企业文化对于每个企业来说都具有非常重要的效用,包括激励效率、方向效用和凝聚力。

然而,对邮轮文化效用的研究仍然还存在很大的空间。文化是旅游业的主要资源之一,对旅游业的发展具有无形的影响力。邮轮旅游是当前一种较为特殊的、受到许多人欢迎的文化体验。在整个邮轮产业中主要的经营管理者是邮轮文化的开发者和传播者,而旅客则是文化的体验和欣赏人群。因此,在邮轮旅游中,其文化的重要效用便是让更多的游客来欣赏和旅游观光,提高其港口、城市的文化底蕴和吸引力。

1.3.3　国外文化创意产业

约翰·霍金斯在对西方的文化创意产业当前的发展现状进行研究的过程中,其所著的《创意经济》一文还具体对目前世界创意经济的发展、文化创意行业的主要特质、增长速度等诸多因素进行了论述。而美国学者伊伦·特耐利和佛罗里达合著的《创意时代的欧洲》则主要对当前世界发达国家的创意产业的发展进行了宏观层面的对比,指出尽管创意产业源于欧洲,但是其在实际的应用上并没有美国先进。卢娟 2006 年指出,就国际化的层面看,创意产业的典型模式主要体现于美国、英国、韩国、丹麦、新加坡和荷兰等地,其在不断发展自身的同时,对整个国家经济的发展也起到了积极的推动作用,同时还具体回顾这些主要发达国家在文化创意上的发展历程。

但从 20 世纪 90 年代至今,随着世界经济的不断深化,很多发达国家都开始意识到了创意产业的重要性,并开始着手发展,实现其国内产业结构的转型升级,并藉此来提升自己在国际竞争中的势力,具体见表 1－4。但是在怎么看待创意产业在经济发展中的地位,怎么理解其创新体系,各个国家都表现出了自己的想法。

表 1－4　各国创意产业发展战略

国家	项　目	开始年份
英国	"数字内容行动计划",希望藉此能够将数字化产业在 GDP 当中的比值提高 10%	1999/2000
加拿大	实行"数字内存"的发展规划	——
新加坡	媒体 21:创意媒体,紧密和社会连接	2002
韩国	E_Korea(电子时代)	——
新西兰	"突破障碍,超越瓶颈"	2002
日本	E 时代战略	2001

国 家	项 目	开始年份
马来西亚	构建媒体高速通道：国家通信和多媒体论坛	1996/2001
欧盟	数字时尚——解析文化遗产价值："E时代内容计划"	2002
墨西哥	E时代墨西哥国家体系	2002

资料来源：《邮轮绿皮书：中国邮轮产业发展报告（2017）》，社会科学文献出版社，2017.

英国是全球首创的发展创意的国家，同时也是首个通过国家的力量来促进创意文化发展的国家。为了实现国内产业的转型升级，推进国家经济的发展，1997年布莱尔政府出台了所谓的"新英格兰"计划，并牵头建立了创意产业指导工作小组，推动文化创意产业的实施。而其具体的工作主要集中于对创意行业的从业者的指导和培训、相关企业的政策扶持、产权的保护以及创意产品的出口等。截止2001年，英国共有13种创意文化，其总产值达到了1 120亿英镑，在其GDP的占比中达到了8.2%，占全国就业人口的4.3%，成为全球最大的创意产品生产国之一。同时在1997年到2001年这段时间当中，英国文化创意行业的年均增长率超过了6%，而其国家经济的增长也只有2.8%。因此，在2003年英国的首相策略小组认为，在伦敦其创意行业对整个城市经济增长的重要程度已经超过了任何一个行业。在一年的时间内，国外的游客在艺术和文化上的消费已经超过了60亿美元。而在十年的发展过程当中，英国伦敦也已经逐渐成为从制造业的大都市向消费性的国际大都市的经济转型。

美国是当前世界上文化创意发展规模最大的国家，而在大部分美国企业和国民看来，对于知识经济来说，创意经济是其最为核心的部分，同时也反映着整个国家经济的发展水准。1998年，阿特金森（Atkinson）和科特（Court）便提出创意知识经济是新经济的看法，也是在这几年，更有人宣称"时代的首都已经过去，创意时代已经到来"。根据相关的数据，截止2002年，美国的核心版权行业已经为国民经济的发展提供了6 266美元的贡献，其达到了美国GDP的5.98%，而从就业上看，从事版权行业的人员有1 144.6万人，是其全国就业人数的8.41%。而纽约则是美国文化创意产业发展规模最大的城市，其涉及的领域囊括了电视、电影、广告、音乐、设计、出版以及艺术演出等诸多方面。据统计，纽约当前的艺术展馆有五百多家，设计服务企业有两千多家，而广告公司则有一千多家，电影工作室和制片厂一百多家等。如此繁荣的文化氛围。

而从亚洲文化产业的发展来看,日本的龙头地位是当之无愧的。许多日本人把文化创意产业又叫做感性行业,其具体有内容创意、时尚行业以及休闲行业等。从日本经济产业与内容产业国际战略研究发布的数据来看,到 2000 年时,日本在内容创造上已经达到了世界第二的位置,产值达 963 亿美元。而在诸多的文化创意行业当中,动漫行业无疑占据着核心地位。作为世界上最大的文化制造和出口国,日本也被世人冠之以"动画王国"的称号。从世界动漫的播放率来看,日本达到了 60%,而欧洲则有 81%。据有关数据显示,在 2003 年这一年的时间里,日本的动画仅仅在美国的销售额就达到了 43.59 亿美元。而在政府主导的基础上,遵循市场的发展规律,日本文化产业发展的主要措施有:有关部门对相关的旅游业和文化产业进行扶持,建立健全相关的法律法规;设立与创意文化产业相关的行业和协会,进行具体的规划;在国外设立专门的交流机构,政府拨专款对海外文化进行扶持。

此外,在亚洲地区韩国文化创意产业的发展也相对较早,并对其国家文化的发展起到了积极的推动作用。在 1997 年的金融危机之后,韩国政府便把推动文化产业的发展纳入到了其整体的发展规划当中,而在 1999 年时,韩国便建立了"文化产业基金",以实现专款专用,同时"文化产业促进研究所"创立则为韩国创意文化的发展提供了制度和体系支撑。韩国具体发展文化创意产业的措施包括:对公共硬件设备进行投资,立法对文化创意产业进行保护,政府提供相关资金的扶持以及设立产业的振兴院等。

新加坡文化创意产业包括音乐、戏剧、图书出版、视觉艺术、电影/视频;图形媒体、广播/电视、建筑/设计、玩具/主题公园以及相关行业和服务。新加坡创意文化的立足点是以人为本,着力于对艺术和城市、社会间的互动上,国家大力从事文教教育设施建设,建立了刺激艺术创作和出版的平台。

1.3.4　国内文化创意产业

国家统计局 2006 年公布的相关数据对中国文化产业的总体发展开始进行汇总,最近几年,我国文化创意产业也大大发展。

香港是中国文化创意产业最早开始的地区,在 21 世纪初时,其文化创意产业便已经占到了经济总产值的 2.0%,而从事文化创意产业的人口则占到就业总人口的 3.70%。其文化创意产业的发展主要是商品生产和文化创作的有机结合,具体囊括了电视、电影、设计、出版、建筑、古董艺术、动漫、广告以及时尚产品的设计等诸多方面。而在 2004 年上半年,香港政府还专门设立了 2.5 亿港元的创意基金,计划并实施了"设计智优计划",招贤纳士。

同时,在最近几年的时间里,上海、北京、深圳等大城市也在大力发展文化创意产业,一大批文化产业基地正在发展壮大当中。具体见表1-5。

表1-5 中国创意城市榜

上海	计划并已经开始建立18个文化创意产业基地,其最终目的是成为像纽约、东京这样的"国际创意产业中心"
广州	现在天河区已经成为集电视电影、广告、媒体以及信息技术为一体的文化创意产业基地
深圳	当前深圳正在重点发展动漫、杂志、服装以及建筑等文化创意产业,其最终的目标是建立"创意设计之都"
长沙	《超级女声》便是其在电视节目上的创意,此外还有"蓝猫"的卡通周边产品、卡通艺术节举办与金鹰卡通电视的开播
昆明	大理、丽江已经成为世界知名的旅游胜地,手工创意者在这里得到了充分的尊重
苏州	上海创意产业对苏州该行业的发展具有非常重要的作用
杭州	LOFT49是杭州创意文化产业发展的标志,在这个大型基地上汇集了17家创意机构和企业
三亚	三亚是世界小姐大赛等大型选美大赛的主要场所
重庆	2015年初,重庆举办了创意产业高峰论坛,4月又举办了创意经济与城市商业开发高峰论坛,可以说重庆的文化创意产业真正觉醒
北京	北京当前有6个政府认证的影视、出版中心,文化创意产业正在发展

资料来源:《邮轮绿皮书:中国邮轮产业发展报告(2017)》,社会科学文献出版社,2017.

作为中国的政治、经济以及文化交流中心,北京的文化创意产业的总产值已经高达96亿元,在其GDP中占比达14%,成了当之无愧的支柱产业,而这其中囊括了软件设计、文化创意产业基地以及咨询行业等。

当前,中国的文化创意产业正在飞速发展,一大批创意产业脱颖而出,建立了一批高素质的创意产业园区,聚集了一批具有突出创意的创意人才。国家发展和转型为文化创意产业及城市的转型开辟了道路。中国的第一个文化产业研究基地是于1999年12月2日文化部和上海交通大学联合建立的。从深圳目前文化创意产业的发展情况来看,其主要囊括了服装、装饰设计、建筑设计、印刷以及动漫等相关的行业。在 2004 年深圳举行了第一届国家文化产业博览会,不仅为文化创意产品提供了良好的平台,而且还培育出了一大批文化产业示范基地。

中国人民大学的金元浦教授(2005)指出,当前中国文化创意产业的发展已经有了一定的基础,但是对于发展战略的研究上还存在着许多问题,对于发达国家文化创意产业发展的理论基础,中国创意产业的发展,相关政策的确立、具体文化产业的布局以及人才培养上的研究还不够深入。同时,对于美英、日韩以及欧盟的一些国家文化创意产业的发展特点和方向也缺乏详细的论证和研究。在当前面临的主要问题包括,整体社会对文化创意产业的认知和关注度还是很欠缺,急需更多具有开拓性的理论来对现实进行指导。

和国外的文化创意产业的理论研究相比,中国学者的研究重点主要侧重于经验教训的总结和学习,对文化创意产业发展的相关理论、政策制定、文化产业上的布局以及人才培养方面的研究还相对落后,而国外则主要在原创和具体的应用层面。

1.4　本章小结

本章分别对国外和国内现有的相关研究成果的内容、方法、模型进行了梳理,并对邮轮产业理论研究内容进行综述,从文化创意与邮轮产业关联方面进行了阐释,最后针对现有理论研究中存在的不足以及本书的主要探讨内容进行了归纳。

第 2 章

文化创意视角下邮轮产业成长的基本理论

2.1 产业经济理论基础

2.1.1 产业组织理论

在 20 世纪现代制造业逐渐发展并日益兴盛后,产业组织便开始出现。早期的研究基本是将产业组织定义为进行类似或者统一生产经营活动的企业集聚。而产业组织作为一个概念被提出源于马歇尔,从他的论述中,产业组织其实是和生物组织相类似的,其形成过程中某个组织间各个元素的生产机能的分离也就是企业或者是社会的分工与组织的各个要素密切结合即企业的兼并重组等等形成的某个社会组织体。而基于分工和协作,马歇尔还重点探讨了在产业组织当中的内部以及外部的经济构成,经济和工厂的发展规模。而现代产业组织理论事实上就是以此为基础构建而成的,同时又更加注重其中的产商的构成以及其具体的行为(罗配罗关于产业组织的定义)。

从产业组织的形成和发展过程来看,其主要有两个阶段,第一个阶段是以贝恩为代表提出的,20 世纪 60 年代的传统产业组织理论,重点对各个生产商之间的经济行为和彼此之间的关系进行了论述,同时指出了市场结构对厂商的具体经营过程和获益程度的影响,也是所谓的“结构主义”。而第二阶段则是新产业组织理论,其产生于 20 世纪 70 年代末,之所以是新的产业组织理论是因为在这一理论当中存着者之前没有的分析方法,诸多博弈论。市场竞争理论、产权理论、交易成本理论以及信息理论等等,同时在对厂商之间的内外部关系进行整合的过程中,该理论还对厂商之间诸多复杂的关系进行了考察。

2.1.2　企业成长理论

基于宏观层面分析企业的成长问题是一个经济学问题,从微观的角度来看企业成长的问题又成了一个管理学问题。1954 年彼得·德鲁克《管理的实践》就第一次完整地提出了关于企业成长的问题。继而引出学术派与实践派对于企业成长问题的大探讨,但彼得·德鲁克并没有就此问题进行更深入的研究。后由英籍女经济学家伊迪丝·彭罗斯(Edith Penrose)继续推动了这一理论的形成并逐渐将之完善。作为业界对此理论最有发言权的学者,彭罗斯将此作为研究的对象,并提出企业成长的主要动力是来自企业内部间各种资源的互相驱动,此理论强调了创新对于一个企业发展的重要性,更是开创了从企业的内部探究企业成长机理的先河。

2.1.3　创新理论

创新即是用现存的自然资源创造出新事物的一种方法。美籍奥地利经济学家熊彼特率先提出了用来解释资本主义经济发展和周期的理论。他把创新定义为建立一种新的生产函数,即企业家对生产要素的新结合。它包括:引入一种新产品;采用一种新的生产方法;开辟新市场;建立新的企业组织形式。当然随着社会、经济、科技的不断发展,对于创新的认识也是在不断演进的。

2.1.4　产业融合理论

产业融合指的是在同一个产业内的不同行业或者是不同产业间进行的相互渗透、交叉,并最终融合成一体,并渐渐形成一种新的产业的过程。产业融合的类型可以分为产业渗透、产业交叉和产业重组三类。最早源于数字技术的出现而导致的产业之间的交叉即是学术界对产业融合产生讨论的开始。产业融合早已不单单作为一种发展趋势被进行讨论了,早就变成了产业在发展过程中的一种选择。

2.2　邮轮产业基本理论

2.2.1　邮轮产业的定义及特点

邮轮产业(cruise industry),在广义角度上,包括了邮轮制造、维修及其相关上下游产业,如码头建设、船上物资输送、餐饮住宿、娱乐休闲等相关产业;在狭义角度上,包括了邮轮从未靠岸、靠岸时、靠岸后及离岸后,发生的一切服务、产品的连锁式商业交易。综上所述,邮轮产业是指,通过乘坐邮轮来实现观赏风景的旅游活动中,囊括了码头服务、船舶供给、交通运输、出游保险、集合"吃、住、行、游、购、娱"等产业叠加形成的复合型产业。

邮轮产业特点主要有以下几点。

2.2.1.1 邮轮经济产业密集化

20 世纪 50 年代后期,北美形成了邮轮产业态势,将多类经济形式密集,形成了围绕邮轮产业展开的经济核心地带。邮轮产业形成后,相关服务类产业(比如酒店住宿、餐饮美食、旅行社、交通运输等行业)逐渐被吸引到邮轮港口周边地区,为了更加便捷地为邮轮游客提供服务抢占先机,以此获得更为丰厚的利润,由此形成了密集的经济核心地带;同时,繁荣的经济核心地带又吸引了更多的邮轮船只,将当地的邮轮港口作为自己的母港。作为邮轮母港的代表——迈阿密,被称为世界邮轮产业核心,就是因为其繁华的邮轮产业商务中心,每年吸引的邮轮船只逐年递增,最大效应地拉动了母港城市的经济发展,形成了举世闻名的邮轮经济核心地带。

2.2.1.2 邮轮旅游产品网络化

围绕邮轮游客的活动区域划分,邮轮网络主要可分为:来源区域、消费区域以及中转区域。每个区域拥有独立的网络,再由各个邮轮公司、邮轮销售旅行社、邮轮停靠港口公司以及相关的各级政府机关,有机地组合成一个相互关联、相互影响的动态网络系统。作为邮轮产业的重要网络节点,邮轮停靠港至关重要,虽然邮轮船只本身作为"海上度假区",是邮轮旅游产品中最为重要的旅游目的地,邮轮停靠港的岸上观光依然有其存在的附加性及必要性;此外,邮轮停靠港对邮轮运营的食品、设备等供给也是不可或缺的。

2.2.1.3 邮轮服务对象全球化

如果把邮轮产业作为一个国家特有的垄断性产业,那势必将弒去邮轮产业的生命力,因为邮轮的生命力就在于服务对象的全球化效应。虽然经济学家表示"全球一体化经济"已成为一种态势,然而像邮轮产业这样的跨国产业并不多见。邮轮航线的跨国性、跨洋性,将七大洲组合成了邮轮产业特有的经营空间,国界对于邮轮运营并无约束,各个国家的法规法律对于邮轮只有在邮轮港口停靠时才具有短暂的实效性,长期航行在公海上的邮轮具有很大的自由性;而从世界上的几十个国家来到邮轮上的游客与船员,他们的语言不一、币种各异,形成了邮轮产业特有的全球化特征。

2.2.1.4 邮轮文化品位多元化

正是由于邮轮产业起源于西方贵族的休闲文化,邮轮文化也展现出了旅游领域中特有的奢华品位。从邮轮的内饰装修来看,金碧辉煌的装修风格揉进了每艘邮轮,成为邮轮文化不可或缺的一部分。这样的奢华品位在提高邮轮文化品位的同时,也吸引了更多的邮轮游客,上船体验奢华的邮轮消费文化。此外,邮轮的奢华风格并不会让人觉得相同无趣,因为邮轮的奢华定位也是形态各异,有意大利风情、古罗马风情、地中海风情等装修风格,这样的风格差异为海上旅行增添了一抹神秘底蕴。

2.2.2　文化创意的基本理论

2.2.2.1　文化创意的定义

创意与文化是密不可分的,文化创意是指以文化作为元素,通过人的创造行为对文化进行改变的过程。“创意”可以分为两类,第一类即原创,指首创一种新的事物;第二类即创新,是指以原有事物为基础进行改造出一种新的事物。创意在生活和生产中对于人们来说都不陌生,创意空间、创意生活、创意城市、创意产业等新名词也不断涌现。

从我国当前对创意问题的相关研究来看,李念之的《创意产业哲学研究》深入全面、系统地对“创意”的含义进行了阐释。最开始,他对西方国家语言的“创意”一词进行了梳理,在英文中包含创意含义的词汇有 Creative、Creativity 、Idea 等,其中前者也就是 Creative 或是 Creativity 与中文的释义最为相近。紧接着李念之从哲学、心理学以及经济学这三个层面对“创意”一词进行了阐释,最终他将创意的含义界定为,“人们在社会实践过程中产生的,具有创新性、想象力的思想、观念或是主意。从广义上看,它包括了对思想或是事物的创造力。其既是一种全新的思维成果,同时也是产生这种成果的能力;不但是创造性地解决问题的方案,同时也是创造性地解决问题的能力。此外,它还具有独立、灵活以及深刻性等特征。狭义上看,创意具有包含了在思想、观念以及想象力等方面的创造”。

综上所述,学者一致认为,创意是具有创造力、创新力的思想实践活动,是体现人类意识能动性的外在表现,是所有具有创造力的活动得以实现的奠基石。创意不仅体现了文化发展的过程,还是文化发展的成果,更是文化发展的原始推动力。

2.2.2.2　文化创意的内涵

想要对“文化创意”进行深入层次的内涵分析,不仅要从“创意”这一关键词汇的含义去考虑,还要从实际情况去合理选择分析的视角。

首先,从词语属性来考虑。以名词存在的“文化创意”,指在文化发展的过程中,具有创新意识思维的现象或成果:以“现象”存在,即指一种行为系统;以“成果”存在,即可能是具象化的文化呈现,也可能是观念形态的思维主意。以动词存在的

"文化创意",指文化生产阶段,具有创新力与创造力的思想主意得以实现的过程。

其次,将"文化创意"作为新理论看待,即指具备新思维、新行业内涵的文化创意产业理论。

总的来说,文化创意的定义拥有其特有的角度,比如"所谓的文化创意就是指文化的原创性,它包含了在具体的文化活动或是文化产品中所表现出来的一种独有的形式和全新的内容",这种观点将"文化创意"作为一种现象的视角来解读。在本书的研究框架中,首先把"文化创意"当做一种理论工具,同时,将"文化创意"看作将思想意识进行具体实践的过程。本书将"文化创意"融入"文化生产"的领域来解读,并作为"文化生产"的本质特点和极为重要的环节基石。但从全文总体论证设计思路来说,本书又将"文化创意"认定为具备了崭新文化内容和想法的"文化创意产业理论"。所以在进行具体研究的过程中,通过"文化创意"研究"文化旅游",具有十分重要的意义,不仅拓展了原有的研究视角,同时有了新的解读工具。

2.2.2.3 文化创意的特征

文化创意所拥有的六种基本特征如下:

第一,人本性。创造过程便是人类认识自我、改变自我、超越自我能力的成长过程,是人类的知识与灵感相互碰撞后产生的思维成果。文化创意的本质是一种"精神活动",人类为了挖掘自身的精神需求及情感需求,不断进行无限的创造、发挥自身的智慧、捕捉思维的灵感,来满足人们对于文化精神的追求。

第二,自在性。"文化生产是人类进行的文化创造活动,是生产活动的重要组成"。"文化创意"即为"文化生产"的核心内涵。随着人类社会生活的进步,人类的智慧与灵感不断获得新的启发、接受新的事物、摩擦出新的火花,从而导致"文化创意"的不断涌现,以及"文化生产"的无限可能。因此,"文化创意"拥有其自身的自在性,它持续完善、持续突破的状态体现了自在的状态,并在不同的时期及地域呈现出不同的模式及程度。

第三,创造性。顾名思义,"文化创意"离不开作者或者团队的创造才能,它富有自身独特的创造性,富有首次创作的原创性,以及对于未来领域或成果的前瞻性,在被创造出来后,能让他人感受到其包含的深刻性及新颖性。

第四,价值性。"文化创意"是富有生命力的思维实践成果,它包含着创新才能改变人们的思维与生活,从一种"思维"转化成一个"实体",让人们愿意为了它的创新性而付出财力,赋予"创意"的价值性,使文化得以增值。

第五,融合性。从思维角度来看,"文化创意"的创意思维可以融合不同领域的知识与观点,不同的思维碰撞出肆意的火花,然后融合成为具有创新性的"文化创意";从成果角度来看,"文化创意"从思维凝聚为实体后,又与其他领域的不同事物融合,相互渗透、相互影响,在融合后产生共鸣。

第六,产权性。由于"文化创意"是具有首创性的思维成果,因此当"文化创意"从思想化到实物化,再到生产化阶段,必须赋予其法律上的产权性,以此来保护"文化创意"的独特存在与价值,保护"文化创意"的作者或创作团队,建立安全有效的产权保护体系,让更多富有创意的人们投身到文化创意的创作中来。

2.3　文化创意视角下的邮轮产业

2.3.1　文化创意与邮轮产业的关系

2.3.1.1　文化创意贯穿于邮轮旅游资源优化整合的全过程

邮轮产业是从海上客运向海上旅游转型而逐渐形成的,并且在早期这种海上旅游源自于贵族的休闲文化,因为只有贵族有时间休闲,并且对休闲的品质有较高的要求。改善邮轮居住生活环境、添加艺术的色彩、打造奢华的内部装潢、开展多样化的休闲娱乐活动,如此等等。可以说邮轮旅游的形成,正是因为传统客运船融入了符合当时贵族阶层所喜爱和乐于接受的文化创意。特别是"泰坦尼克"电影在全球的播映,给人们留下了邮轮就是十分奢华的一种旅游方式的印象。随着人们经济水平的提高,邮轮旅游不再是贵族的专属,它慢慢地被中等阶层乃至更多的人所接受,又因为不同的需求形成更具大众特点的邮轮文化。也因为邮轮全球航行的特点,邮轮与当地的文化结合也十分明显,如在中国运营的邮轮上配备自助火锅餐厅、提供中式餐饮服务等。这种全球化与本地化的结合亦体现了文化创意的过程。

2.3.1.2　文化创意是邮轮产品的核心内涵

始于高端奢华定位的邮轮旅游模式,包含了"吃住行游娱购"六大核心部分。即邮轮上的餐饮、住宿、岸上交通、岸上越发越来越重要的角色,成为产品的核心内涵与核心竞争力。例如邮轮上的精致餐饮,文化创意就可谓为邮轮餐饮加入了很大的附加值。在邮轮不同级别的舱房和套房中,顾客所关注的不单单是舱房的位置和服务,还有其装潢、文化品位和文化内涵。浓缩了创意文化的邮轮船舱,加剧了邮轮游客及潜在游客对邮轮旅游的关注度。在邮轮购物中,有很多包含了邮轮文化的商品,而在旅游服务同质化和雷同性日趋严重的今天,融入了文化创意的邮轮商品才更能展现邮轮文化的特性,给人留下深刻的印象。

2.3.1.3　文化创意促进邮轮产业发展的重要动力

当前实现邮轮产业转型升级的途径已经从技术的革新逐渐发展成为文化创意的驱动。因为邮轮产业发展的开拓是通过技术革新的方式,逐步推动邮轮产业的转型升级。例如在二战之后,随着民用航空业的不断发展和壮大,让从一个目的地飞到另一个目的地港口乘坐邮轮旅游这种(飞机＋邮轮)旅游方式是许多人的首选。而现在要想推动邮轮产业的再次发展,就必须要通过文化创意驱动,如不同的邮轮公司打造不同文化主题的邮轮,有地中海风情的地中海邮轮、迪士尼动漫风格的迪士尼邮轮、极具现代文化与科技感的皇家加勒比邮轮等等。

2.3.2　文化创意视角下邮轮产业成长的内涵

产业成长(industry growth)具体指的是某个行业在其生命周期各时间段所表现出来的不同存在状态。从表象上来看,产业成长表现在外在的变化(从小到大、从弱变强,从软到硬,从青葱到成熟);而就其内在来看,则主要包含了产业的规模、技术以及组织三个组成部分。任何产业发展壮大的过程都是由时间维度和空间维度的变化组成的,时间维是产业在不同的时间点所表现的状态,空间维则是空间区域内的活动范围的大小。同时,产业成长也包括量变与质变,量变指的可以是企业数量的增长,产值的增长,也可以是规模的扩大等,而在量变的基础上便会产生质变,产业质变的结果便是由于技术的革新导致的产业结构和组织的变化,并最终实现整个产业的转型升级。邮轮产业的成长更是一个广阔的领域,它覆盖了整个邮轮产业的成长,从最初的邮轮活动,到独立部门的形成,企业的出现,再到最后邮轮产业的形成和发展,这便是邮轮成长的全过程。而本研究将基于文化创意的视角,对“邮轮产业成长”作出如下思考:文化创意实际上是贯穿整个邮轮发展的全过程的,而在对邮轮发展过程进行研究的同时,还要对其产业的发展规律进行探讨,首先就必须理清邮轮产业从没有到出现的全过程;第二,我国邮轮产业的发展出现于形成期的后期,马上就将进入快速的成长期;第三,成长包含了量变与量变产生的质变,文章还要在实证研究的基础上,对中国邮轮产业发展过程当中的动力因素做具体的探究,并用成长绩效来进行动态分析。

2.4　本章小结

本章对文化创意视角下邮轮产业成长的基本理论进行了阐释与梳理,主要包含三个方面的内容：一是产业经济基础理论界定，二是邮轮产业的基础理论，三是文化创意基础理论。其次从邮轮产业的内涵以及基本特征、具体的发展现状和时间段对邮轮产业的基础理论进行阐述。然后从文化创意的定义、内涵以及特征等角度阐释文化创意基础理论。最后以文化创意视角下的邮轮产业视角分析了文化创意与邮轮产业的关系。

第 3 章

文化创意视角下的邮轮产业成长的演进机理分析

3.1 邮轮产业成长的成长周期与路径分析

3.1.1 邮轮产业成长的周期分析

具体来说,这部分涉及该产业的诸多内容,其中不但包括构成要素特征、空间组织作用,还包括了功能结构等,并在如上分析、探讨中,引入了三个空间要素的地位、作用,其中不但包括空间媒介、空间通道,还包括了空间载体。认识这三个因素,我们应该从系统、整体的角度着眼,将其纳入一个组织系统。具体可以参考图 3-1,若是将左右两个部分对接,我们就可以对邮轮产业系统构成有更为清晰、全面的了解。

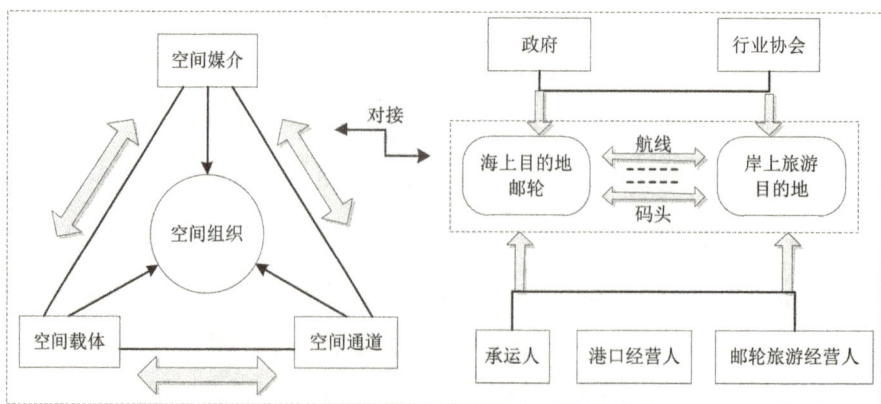

图 3-1 邮轮旅游空间组织系统

　　显然,邮轮产业系统是一个完整的体系,其涉及三个要素,其中不但包括邮轮、邮轮旅游目的地,还包括了邮轮港口码头,这三个方面所起的作用分别是载体、媒介、空间通道。这个系统在客观上、空间上以港口码头和航线为基础,其核心涉及两个要素,一个要素是邮轮,另一个要素是邮轮旅游目的地。在这个系统中,媒介为纽带,各个要素之间处于一个相互协同的关系。

　　上面所述的产业要素构成、系统,其本身属于静态分析领域,研究的是系统的静态表现。而从空间组织的角度,对其中涉及要素的关系进行研究,则属于动态研究。为此,在全面论述的基础上,我们还要对该产业的演变规律进行深入把握和总结,如此,才能为产业驱动机制奠定基础。

　　实际上,该产业演变有其内在规律,可分为不同的阶段,划分涉及诸多的依据,其中不但包括港口区位条件、经济发展条件,还包括了港口建设情况等。在研究其演变的时候,笔者选取了邮轮港口码头作为切入点,如图3-2。

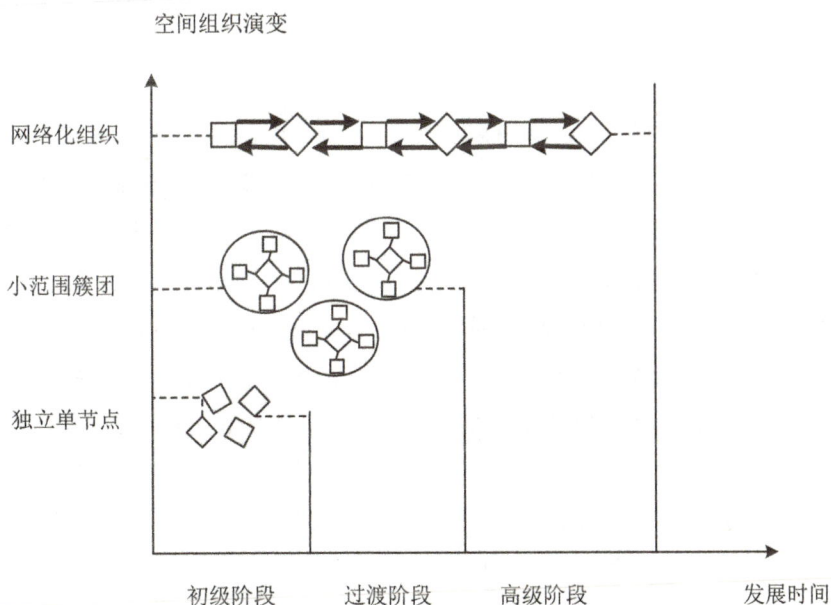

图3-2　邮轮旅游空间组织演变过程

　　在最开始的时候,大多数邮轮并没有独立的体系,所以基本上都与商业码头混用,其不但没有专用码头,甚至不存在自己的国际邮轮航线,主要呈现出独立单节点发展的状态,而且涉及的节点之间无来往关联。总的来看,这个阶段的很多主体也未发挥多大的作用,诸如邮轮企业、经营企业等。

伴随邮轮旅游的兴起,这种情况才得以改善,邮轮码头所在城市,初步认识到建立独立邮轮港口以及体系的重要性,积极兴建邮轮港口,建立了完善的港口和体系,经靠邮轮数量不断增加,招待和吸引的旅游者数量也有了很大的增长。为了满足旅游需求,港内为邮轮设计、开辟了诸多的国际航线,其中还有不少以本港为邮轮母港。在港口建设、旅游发展的带动下,周边涉及的腹地城市也得到了发展机遇,很多被纳入旅游目的地,在整个邮轮产业体系中成为重要的组成部分。在这个阶段,出现了诸多中心码头节点,这些节点不但有良好的港口条件,还获得了大量的政策、经济支持,迅速成长为空间组织中的佼佼者,并且依托自身的优势,将周边次等级码头聚合,在此基础上建立了大量航线,密切了彼此之间的往来,大量的国内外航线交织,形成了小范围簇团发展的局面。此外,我们还应看到,大型港口码头在发展中,体现出专业化趋势,且将管理交给了专业的经营管理公司。那些比较成熟的国际邮轮公司,在这样的发展形势下,也纷纷在母港码头设立分支机构,大量的国际旅行社蓬勃发展,促进了邮轮旅游的发展。若是从生命周期发展阶段,以及该港口码头的空间结构来看,我们可以将其作为演变过渡阶段。

总的来看,空间组织演变主要体现在三个方面:其一,旅游系统整体功能。在演变过程中,部分演变体增强,而部分演变体则变弱。其二,旅游系统等级。部分演变体提高,而部分则降低。其三,旅游系统结构。部分演变主体结构有序增大,而部分则有所减小。邮轮旅游的发展,以及空间组织形式的多元,促进了该产业的深入发展,体现出明显的随网络化、系统化特点,并朝着这些方向转变,表现出诸多特征,其中不但包括多轴线、多媒介主体参与,还包括了多节点。在这种情况下,邮轮港口对自身的定位有了更为清晰的认识,且依托自身周边的条件、空间组织状况,建立了系统的航线网络。为了进一步促进该产业的发展,其在航线对接、城市公共交通建设上投入了大量的资源,进一步丰富旅游目的地,且引入了竞争机制,使这个产业的网络化水平进一步提高。

3.1.2 邮轮产业成长的演化路径

3.1.2.1 邮轮产业组织演化环境

1) 经济发展

总的来看,该产业的发展,与经济发展联系紧密。国民经济总量的增长,往往会使其产生诸多的变化。从当前的国际经验来看,若国家或地区人均国民生产总值能够在 800～1 000 美元这个范围内,很多居民的旅游动机会显著增强;若是提升到 4 000～10 000 美元的层次,会产生到国外旅游的动机;若是在 1 万美元以上的时候,会产生洲际旅游动机。总的来看,城市经济的发展,让城市地域范围内的劳动分工进一步细化,而分工的细化会提高效率,加速城市化进程,城市化使企业各个方面都有所提升,让居民获得了更多的可支配收入,使居民的生活水平显著提升。劳动生产率的提高,在很大程度上会影响人们的生活方式,导致其工作时间缩短,这样其拥有的余暇时间明显增多,这为其旅游行为提供了条件和时间。

2) 市场需求

邮轮旅游之所以兴起,源于市场需求增多,而市场需求则是因为经济的增长。经发展带动的大量需求,刺激了邮轮产业的兴起和发展。居民收入水平不断提高,若是在满足自身生活基础性需求的基础上,若是可支配收入还有很多,其会选择多样化的消费,产生各种需求。需要层次理论指出,人的需求涉及诸多的层次,且遵循从低到高的发展顺序,当低层次需求已经满足,便会产生高层次需求。具体来说,当人们的物质需求满足,便会追求更高的精神需求,愿意进行精神享受、消费,这就产生了大量的服务需求。邮轮旅游本身也是一种服务,其本身能够和人们高层次的需求相适应,在需求不断增加的情况下,该产业也将得到快速发展,产业结构也会有所调整。

3) 技术进步

在产业发展上,技术进步也起到了重要作用,邮轮产业的发展本身也与技术进步密不可分。产业革命推动了科学技术的发展和进步,其中最具代表性的就是蒸汽机技术的应用,该技术让交通条件得到了改善,使人员流动有了实现的可能。此外,现在的交通事业中,飞机和汽车的普及,对人们出游也产生了极大的促进作用,进一步减少了人们的旅途耗费时间,让现代旅游业迎来了发展的机遇。我们应该看到,技术进步是生产力,其不但提高了效率,为人们提供了休闲时间,还转变了人们的旅游观念,并且为人们提供了更多的旅游形式和选择。

20 世纪 80 年代,一直到现在,快速推进的信息技术革命,促进了信息技术的发展,大大改变了旅游业发展的面貌。相较于一般的服务行业,旅游业本身存在空间位置的变换,并且需要从一个地点到达旅游目的地才能产生消费。消费者,本身对源头旅游供应商不是很了解,因为两者相隔空间较远,在这样的情况下,就有必要依靠旅游中间商,来获取旅游目的地的详细信息,并获得更多的价格信息和服务产品信息。总的来看,信息技术的发展,以及其在旅游行业的广泛应用,让旅游行业形成了一个完善的体系,供应商、中介、消费者之间建立了比较稳定的关系,依托于信息技术,很多以往需要人工处理的信息处理、转换,现在完全可以进行在线处理。目前,在线旅游运营商得到了快速发展,这使得供应商、消费者之间的关系进一步拉近,互动也越来越多。而这种关系的拉近,冲击了以往依靠中间商建立的稳定产业链,旅游业的结构在产生变化,传统旅游很多方面都受到了影响,其中不但包括营销方式、组织结构,还包括了运作模式。

4)产业政策

在产业发展中,政策因素也是不容忽视的,产业政策实际上可以看作宏观背景、制度因素,对产业的发展十分重要。在这方面研究的学者很多,比较典型的就是凡伯伦、马歇尔等,在其看来,应该从制度经济学的角度来看待产业政策,这些政策的出台实际上是促进产业发展的动力。若是站在产业经济学的角度来看,产业政策其本质上是政府干预行为,是对市场经济的一种调控、干预手段,其主要是利用政府认为的理想目标,调节、控制一个产业的演化和发展等。

在旅游业发展过程中,为数不少的国家都引入了产业政策,通过发挥其规范、约束作用,来引导旅游业朝着理性目标发展。然而,我们需要看到,不同国家面对的客观现实不同,所以其采取的产业政策也有所差异。在这方面,发达国家、地区,大多致力于提升国民素质,使其旅游发展层次更高、更全面,为此,其出台的产业政策大多层次更高,围绕的也都是全面、持续发展等方面的内容。而发展中国家或地区,本身经济、产业发展层面比较低,推动邮轮产业发展,一个重要的目标就是凭其赚取外汇收入,其对产业经济效益更为看重,所以出台的产业政策体现的主要是其在这方面的诉求,政府往往采取各种直接、间接的方式,来协调供求关系,使其保持平衡,创造更大的经济利益。例如,若是出现了旅游需求不足的情况,其往往采取措施,促进新需求的产生,或是干预可支配收入,或是对休假制度加以调整。此外,为了增大旅游吸引力,还会利用政策倾斜,对旅游目的地进行投资、建设,举办活动等,使其旅游供给量不断增加,吸引力不断提升。

总的来看,邮轮产业组织演化,涉及诸多外部因素,其中不但包括经济发展、技术进步,还包括了市场需求、政策影响等。随着经济的发展,会进一步带动居民收入增加,使其物质生活水平得到提升,且有了更长的闲暇时间,进而产生更大的旅游需求。随着市场需求的扩大,大量的专业化中介机构进入这个行业,行业的从业主体、人数不断增加,产品、服务日益多元化进一步促进了旅游容量的扩大。旅游的发展和技术进步和创新关系密切,技术应用于旅游产业,刺激了人们的旅游需求,增加了人们的旅游选择,尤其是信息技术,更是对以往的旅游业进行了改造,延长了产业链,进一步改善了产业结构。政策因素也不容忽视,政府利用产业政策,对旅游供给、需求进行调节,使其保持合适的规模,从制度上保证了其平稳、快速发展。

3.1.2.2 邮轮产业组织演化路径

在这方面的研究中,典型的有毛焱、梁滨(2010)。在其研究中,引入了点线面要素组合原理,在其看来,区域旅游空间组织涉及诸多的要素组合,其中不但包括节点之间、节点域面、轴线域面、点线面,还包括了节点轴线、轴线之间、域面之间。如上,空间组织要素组合的差异化,也使得空间组织系统产生了不同的形式,相应的空间组织系统也有所不同,也涉及七个方面,其中不但包括节点系统、轴—辐系统、线网系统、空间网络系统,还包括了点轴系统、交通系统、核心—边缘系统。在研究该产业演变发展的时候,我们不能通过要素叠加的角度来将其进行简单化看待,也不能仅仅以单一要素作为主导,而应该确立邮轮和港口的主导地位,在此基础上,实现要素时空变动组合,打造具有共通性的邮轮—港口双驱动模式。

总的来看,该模式一方面将邮轮旅游的特点充分体现出来,也就是以邮轮、港口为主导的不同组合,另一方面还产生了诸多的产业表现形式,具体可见图3-3。

首先,从整个航程来看,我们假定邮轮本身是固定不变的,但是其处于运动状态,按照既定的航线行使,在相应的停靠港经停,完成旅游之后返航,在这个航程中,我们可以看到邮轮、母港、停靠港构成了一个系统。

其次,如果假定停经港口相对固定,在此情况下,母港承担客源地角色,当其按照既定路线和安排,会停靠不同的邮轮,大量的游客都会被聚拢到这里,随即他们会登到邮轮上,当游客聚集完毕,邮轮出发,在既定的港口停靠,完成了旅游后,返回到母港。从这个角度来看,在整个空间组织中,母港实际上是起始节点。

若港口是目的地角色,在这种情况下,其母港、停靠港口,在具体的空间组织表现上基本一致。如图3-3所示,在空间组织中,港口实际上充当了一个重要的节点,其主要的作用就是迎接不同邮轮停靠,停靠完成既定安排任务后,就离开该港口,继续规定的路线,驶向下一停靠港,最后还是会返回母港,实现了一个完整的循环。从当前的情况来看,邮轮旅游空间组织模式,正如上文所述,采取的是邮轮港口双驱动模式,我们假定不同节点的角色不同,那么基于一个节点,实际上会产生不同的空间组织形式,具体涉及四类参照物,其中不但包括邮轮、目的地母港,还包

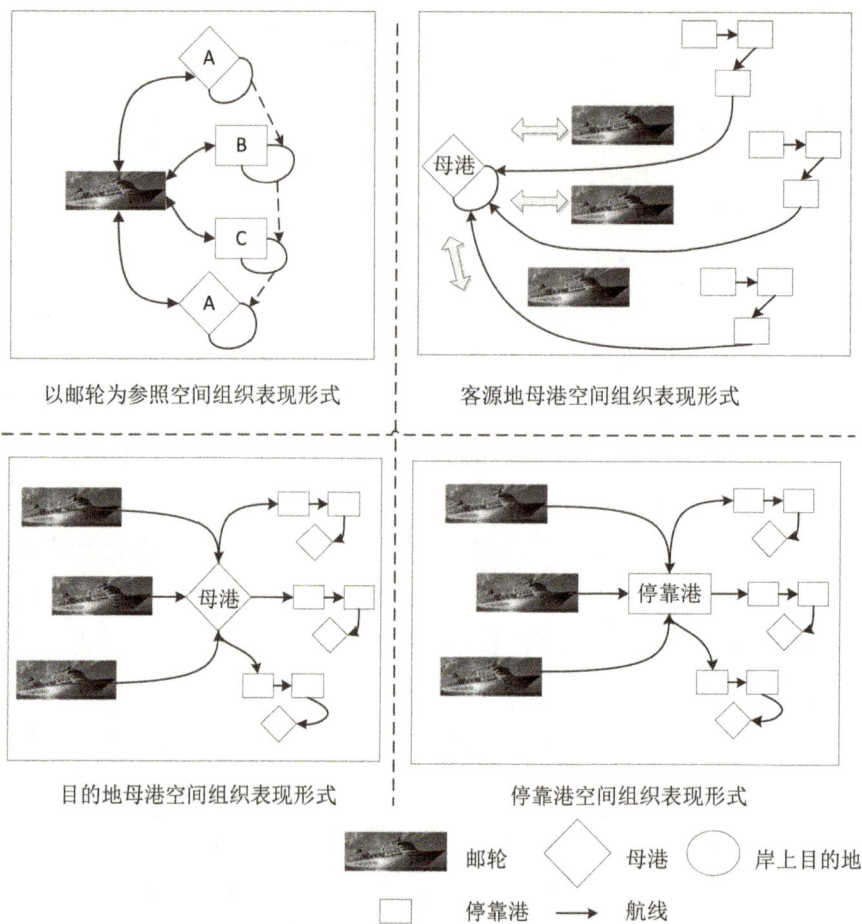

图 3-3　邮轮—港口双驱动模式的空间组织表现形式

括了客源地母港、停靠港。

3.1.3　邮轮产业成长的特征

产业链形成,与产业的实际情况有直接联系,所以表现出的形态不尽相同,都有自己的特点。我们应看到,每条产业链都不是固定不变的,而是动态发展的,在动态发展中会出现诸多的变化,我们可以将其分为两类:第一类是外部需求不变的时候,在这种情况下,产业链内部的逻辑关系基本上保持相对稳定的状态,即便产业链形式、数量有所变动,其也不会变化;另一类是外在需求发生变化,在这种情况下,随着外在形式、数量的变化,相对应的,产业链的内在逻辑关系也会出现变化。总的来看,虽然产业链各不相同,但是他们体现出一些共性特征,具体如下:①信息传递性。实际上,形成产业链后,牵涉到的所有公司,就像由无形的线牵引着,通过这个无形的连接,可以实现商业信息的共享、传递、价值交换,从而产生诸多交叉的产业链。随着竞争的加剧,产业竞争逐渐转变为产业链的竞争。②增值性。所谓的产业链,实际上就是产业、产业价值交换的"线",在整个链条的上下游,关系紧密,从当前的情况来看,下游价值,基本上都是建立在上游价值基础上的。我们需要看到,产业链前期投入,并不是都必然会有所回报的,限制价值增加的壁垒也时而有之。③循环性。我们应该看到,产业链本身就是一个循环,故而其体现出明显的循环性,而价值增值,也处于一种循环之中,正是因为存在这种循环,才让企业经营得以延续。而这种循环对企业长远利益的获得和企业自身的可持续发展意义重大。④高附加值性。不同的产业链,虽然有一定的共同之处,但是对于邮轮产业链来说,高附加值性是其一个显著的特征。这个产业链的很多环节,都需要巨额的资金,诸如制造、经营等。最开始设计的过程中,一方面要符合欧美艺术感,另一方面要考虑自身的技术条件。一般来说,要完成设计、构造,往往要涉及诸多企业的参与,非企业单独可以完成的。至于邮轮运营公司,运营管理的整个过程离不开资金,这涉及诸多的环节,其中不但包括产品提供、艺术家表演、休闲服务,还包括了人员服务、港口服务、后勤保障等。离开了资金的支持,庞大的运行机构将瘫痪。此外,我们要看到,公司运营,本身还要求有专门的经理人负责管理,若是这方面存在缺失,全面的投资、努力将无法产出经营成果。⑤高技术性。上面我们提到,该产业的发展离不开专业的技术,在设计、制造的过程中,对制造厂有很高的要求,不但要有专业技术和足够的经验,还要准确把握邮轮旅游的概念,并且考虑到设计的溯源性、艺术性。至于其价值增值、盈利情况,与价值创造过程密切相关,图 3 - 4 就是笔者绘制的该产业的产业价值链,通过这个图我们可以看出其呈现微笑型曲线,由此可知,价值创造、利润空间在不同环节有显著的差异。

3.2　邮轮产业萌发时期的系统动力学分析

3.2.1　邮轮产业链的萌发

地球面积达到了五亿多平方千米,其中包括陆地和海洋,其中海洋面积占比更是高达 71%,不同的大陆都有海洋的分割,且距离很大。为了实现不同地方的交流、往来,促使人类对船舶的发明,实际上船舶运输在很早已经有了,不过碍于当时的技术条件,不能远行,而当船舶马达技术发展起来之后,这个问题得以解决,推进了船舶运输的进一步发展。18 世纪中叶,引发工业革命的蒸汽机诞生,并迅速投

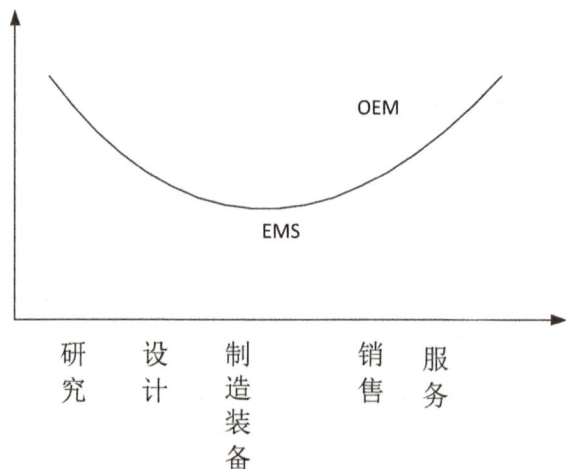

图 3-4　产业价值链微笑曲线

入到各个工业、制造领域,其中船舶制造技术也因其得到了更好地发展,传播的远洋航行能力进一步提升。在 19 世纪 40 年代,首次邮轮航行雏形,当时的组织者是半岛核东方蒸汽航运公司,其设定了航线从英国到中国,除了这两个国家之外,还涉及了西班牙、马来西亚等国家。

社会经济的发展,技术的进步,进一步改变了人们的生活层次和需求观念,当人们有了足够的可支配收入,并且随着人力管理制度的完善,有了闲暇时间后,其便产生了娱乐休闲的需求,刺激了旅游观赏性邮轮航行的发展,从这个角度来看,我们可以看出市场需求,对社会进步的积极促进作用。邮轮产业链的萌芽,我们可以回顾到 1800—1920 年间,这个时期被称为远洋客轮时期,进入这个阶段不久,1819 年,蒸汽机的广泛应用,催生了第一艘蒸汽动力船。1840 年,随着科学技术的进步,萨缪尔·冠达也在这方面进行了突破,建造了现代意义上的远航轮船——大不列颠号轮船,在英美海洋航线上,其穿越的速度是那时最快的,这也是冠达轮船公司首个运行的轮船。当前,这个公司还在运行,历史十分悠久。这种局面持续到一战,之后便发生了变化,战争是残酷且无所不用其极的,为了获胜,军队征用了不少轮船,主要将其用于军人、战备物品等的运输,在这个阶段,跨洋轮船客运业务受到了很大的打击,一度处于停顿状态。一战结束之后,这些轮船企业面临新的情况,那就是美国外国移民数量锐减,在这样的情况下,他们迫切需要找到新的客源,于是便逐渐产生招来游客乘坐轮船的做法,当时这仅仅是为了维持生计,但是随着持续发展,这方面的需求被调动起来,大量的旅游需求产生。为了满足这些旅游需求,大量的制造厂开始生产客运轮船,且船队规模不断增加。总的来看,在这个阶段,很多邮轮公司都趁势发展,其中比较典型的有公主邮轮公司、荷美邮轮等。所以,我们可以将这个阶段看出是该产业链萌发阶段,这个阶段为后续的发展奠定了基础。

然而,这个时期还有一个重要的发明,那就是飞机,飞机在运输上更为节省时间且更为安全,所以人们对邮轮的依赖性逐步降低,轮船的安全性、运行周期毕竟不占优势。飞机业务大量增加,且受到人们的欢迎,而这导致轮船公司利润大减,为了改善这种情况,邮轮公司绞尽脑汁,为寻找出路,提出了长时间海上航行的主张,并且增设了娱乐功能。在这个设计、规划框架内,乘坐轮船的目的并不是单纯为了空间迁移,而是要在空间迁移的同时,让人们可以在邮轮上享受休闲娱乐服务,使其可以享受到一个完美旅程。在这样的模式提出之后,迅速扩大了业务,得到了人们的认可,并且逐渐与飞机行业抗衡。在这个阶段,邮轮产业发展的主张逐渐产生,体验生活、休闲娱乐、旅游等更多的内容被附属到邮轮这个载体之上,而且这个阶段造船技术得到了显著提高,安全性、航行速度大大提高,这使其对人们的吸引力显著提高,如图 3-5。

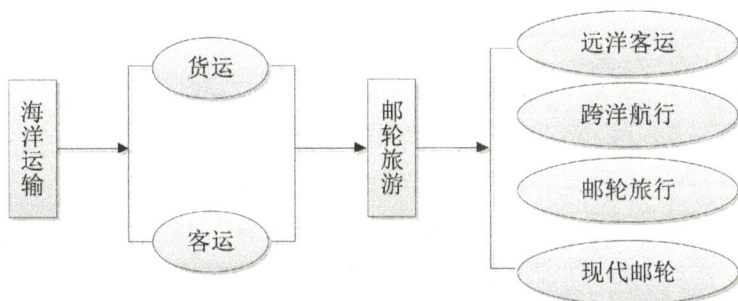

图 3-5　邮轮产业链萌发时期的演变过程

通过上述的分析可知,在萌发阶段,轮船制造厂实际上并不缺乏,但是其技术普遍不高,难以提升轮船的安全性,且其动力系统不足以支撑快速远航。在当时那个阶段,邮轮公司仅仅是具备了基本的雏形,没有现在这么成熟,但是也逐渐确立了邮轮旅行的意识,已经有一些大型的经营公司,开始涉入这个产业链,其中比较有代表性的就是冠达邮轮公司。在这个阶段,港口服务及邮轮周边产业并没有得到很好地发展。

3.2.2　成长动力机制构成

3.2.2.1　北美邮轮产业链萌发过程中的成长动力机制

提及邮轮航行,就难免要追溯到世界海洋航行史,在诸多的历史事件中,有三个尤其应该引起我们的注意:其一,明朝时期,我国国力强盛,有郑和下西洋的壮举;其二,哥伦布,带领船队发现了新大陆;其三,麦哲伦,在前人航行的基础上,其第一次实现了环球航行。从邮轮航行的影响来看,哥伦布的航行无疑是影响深刻的,在其航行探索中,横跨欧美大陆,经过艰险穿越大西洋,一路航行到美洲,而其航行的路线,到现在也是邮轮航行的常用路线。若是从技术角度来看,邮轮产业萌发和三个技术离不开的,其中不但包括指南针、航海术,还包括了造船技术。蒸汽动力船改变了轮船远洋航行的格局,19 世纪,英国在这方面占据主导权,其邮轮产业也是发展最快的,且占据核心地位。当时,欧洲建造的大量的轮船,被用来转移移民,帮助这些移民到达美洲。在这个过程中,美洲的邮轮产业也得到了进一步发展。发展到 19 世纪末,美国在这方面也逐渐发展起来,其中美国也加入了邮轮产业,并取得了快速发展。一战结束后,对于长期存在的移民趋势,美国颁发了新移民法,其中明确规定要减少外国移民的数量,在这样的情况下,跨洋邮轮的主要业务受到了影响,迫切需要找到新的客源,在这样的情况下,一些邮轮公司在不断尝试、挖掘过程中,将这些轮船装载普通游客航行,采取这样的手段,维持运营,其中比较有代表性的有冠达邮轮、荷美邮轮公司等(见表 3-1)。

表 3-1　北美邮轮产业链萌发期邮轮公司状况

邮轮公司	冠达邮轮船队	P&O 公主邮轮	荷美邮轮船队
成立年份	1839 年	1840 年	1872 年
注册地	英国	英国与澳大利亚	荷兰
目前公司状况	均被美国嘉年华邮轮集团收购		

资料来源:《邮轮绿皮书:中国邮轮产业发展报告(2017)》,社会科学文献出版社,2017.

该产业在北美发展的过程中,对当地的产业政策产生了诸多影响,我们上面提及的新移民法就比较典型,还有一个我们需要看到的就是《沃尔斯特法令》,这个法令的出台时间是 1920 年,在当时也产生了较大的影响。这个法令限制陆上喝酒,在这样的限制下,人们选择到公海的游轮上"解禁",为了迎合人们的需求,大量邮轮公司,开始推出形式多样的酒类服务,且得到了美国人积极的响应,而这在一定程度上推动了北美邮轮产业链的发展。上述这两个法案,直接、间接地影响了邮轮公司的业务转型,以往其只是提供娱乐消遣,而在一系列政策的影响之下,其逐渐转变为休闲时尚旅行方式。为了适应这种业务变化,邮轮公司纷纷提高自身的造船技术,并且加强了邮轮各方面的性能,这体现在诸多方面,其中不但包括体积、载客量,还包括了艺术观赏性等。总的来说,邮轮动力技术显著提升,这不但显著提高了航行速度,也加剧了邮轮之间的竞争。

通过上述分析可知,这个时期,产业链价值创造,基本上聚焦在两个方面,一个方面是文化价值,另一个方面是社会价值。前者的创造主要通过性质的改变实现的,以往的邮轮提供的大多是一些简单客运文化,而转变之后,其引入了多种多样的娱乐休闲性质的文化,让邮轮的文化属性进一步升华。至于后者的创造,主要在于丰富了邮轮产业链,让其更加完善。以往的产业链,主要涉及了两个,一个是造船公司,另一个是邮轮服务公司,而转变之后,则引入了更多的内容,其中不但包括邮轮造型设计、娱乐服务人员,还包括了娱乐设施建造等。

3.2.2.2　我国邮轮产业链萌发过程中的动力机制

我国在这方面的发展,是起于 21 世纪初的,当时国外发达国家大多建立了邮轮产业,且向世界各地扩张,建立旅游目的地,我国的港口也在其辐射范围内。2005 年开始,我国的不少港口都成为国际奢华邮轮的停靠港口,其中不但包括上海、青岛、厦门,还包括了天津、大连等。从 2006 年的数据来看,在我国港口停靠的邮轮涉及了 15 艘,停靠的次数更是超过了 70 次。我国的邮轮产业不断发展,且以上海为母港的航线逐渐形成,让我国的邮轮产业掀开了崭新的一页。

我国邮轮的萌发,在很多因素上,都和美国有类似之处,在最初的时候其都是作为停靠港口,后来不断增加的旅游需求,推动了这个产业的发展。目前,国人收入显著提高,能够自由支配的收入也不断增加,在这样的情况下,人们产生了更高层次的精神需求,便想到了休闲娱乐,二者极大地促进了娱乐休闲产业的发展,而旅游业正是其中一种。近几年,我国的旅游行业不断发展,俨然成为旅游大国,其中境外游人次不断增加,而这在一定程度上推动了邮轮产业的发展。但是,在该产业发展上,我国还处于萌发阶段,诸多方面还存在缺陷,且没有形成完善的产业链条,当前的重点在港口服务方面上,具体可参见表 3 - 2。至于造船、邮轮经营等领域,尚未涉入。

表 3 - 2　国内邮轮港的分布特征

港口集群	邮轮母港	区域港口城市
环渤海港口集群	天津	大连、青岛、营口、锦州、烟台、日照、秦皇岛、唐山
长三角港口集群	上海	宁波、温州、舟山、连云港
珠三角港口集群	厦门、三亚	深圳、广州、珠海、惠州、汕头、福州、泉州、湛江、防城、北海

资料来源:《邮轮绿皮书:邮轮产业发展报告》,社会科学文献出版社,2017.

　　我国很多港口受到国际邮轮公司的欢迎,被其纳入停靠港口,其中不但包括上海、大连、厦门的港口,还包括青岛等地的港口。2007 年,单纯从内陆港口接待邮轮次数来看,共计达到了 220 航次,在这些航次中,归属于母港接待的,也占到 20 航次,港口共计接待游客的数量达到了 46 万人。在诸多的港口中,上海凭借其得天独厚的环境和条件,邮轮产业迅猛增长。从 2008 年到 2017 年,上海邮轮港口出入境人数明显增加,港口国际邮轮停靠次数也显著增加,具体可参见下图 3 - 6 和图 3 - 7。从 2003 年到 2017 年期间,上海邮轮进出游客人数以年均 40% 的速度增长。根据上海交通委官方数据可知,2017 年,上海港共接待国际邮轮靠泊 512 艘次,以上海为母港的邮轮 481 艘次,访问港 31 艘次。

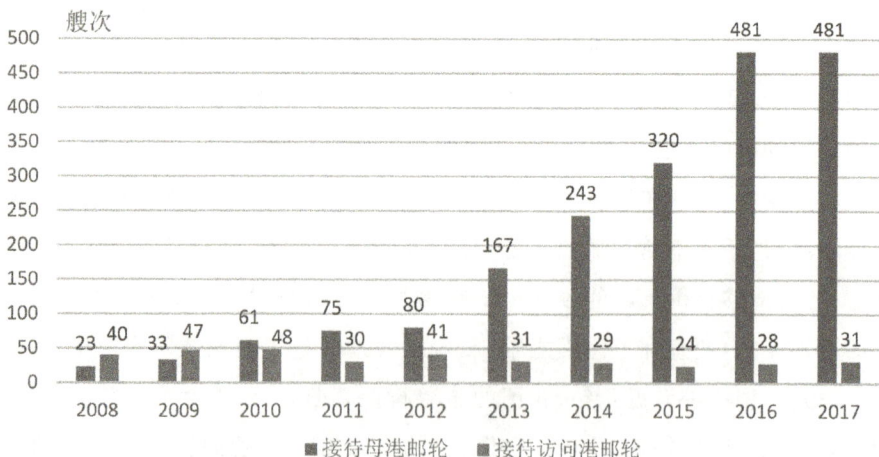

图 3 - 6　2008—2017 年上海接待母港和访问港邮轮艘次

资料来源:根据上海口岸、旅游、港口等管理部门的年度统计数据

2017 年,上海港共接待出入境游客共 297.8 万人次,入境游客 6.58 万人次。

图 3 - 7　2008—2017 年上海接待母港和访问港邮轮出入境游客

资料来源:根据上海口岸、旅游、港口等管理部门的年度统计数据

从我国的情况来看,邮轮产业最初萌发的时候,港口服务业是占据主导的,所以其创造了大部分的价值,这个产业最初发展的时候,其在价值创造上的显著作用具体体现在如下几个方面:其一,带动当地的旅游热,邮轮产业发展起来后,对周边地区的经济拉动较大,最具代表性的就是上海邮轮城项目建设。这个项目不但参考了国际标准邮轮码头的标准,还选配了国际上诸多现代化的配套设计,占地面积范围较广,具体涉及 31 万平方米,地下建筑的面积也不小,达到了 15 万平方米。总体来看,其格局规划有两个特色,一个是前低后高,另一个就是梯形层次。其中邮轮码头建设数量有 3 个,均达到了 8 万吨级,此外还涉及诸多的配套措施,其中不但包括客运综合大楼、商业配套,还包括了星级宾馆、办公楼、观景岸线等。在紧锣密鼓的建设之下,于 2006 年建成,建成之后,可以容纳停靠各个档次的邮轮九艘。其二,带来了邮轮旅游文化。以往,旅游文化对我国民众而言,较为陌生,旅游目的地仅仅局限于空间位置的概念,是固定不变的,而邮轮旅游发展起来之后,其本身就可以作为旅游目的地,在这个超大型的载体上面,人们的诸多娱乐、精神需求都可以满足。总的来看,邮轮文化培育中,实际上是在不断向游客传达着新的文化理念,即邮轮本身就是目的地,不再是以往认为的简单交通运输工具。

具体来说,在邮轮萌发阶段,价值创造主要涉及了三种方式,具体如下:其一,社会价值。大量的旅游需求以及邮轮旅游的兴起,让上海市政府逐渐认识到发展该产业的重要性,并出台了相关的产业政策,使该产业链得到了较好的发展。而这种以市场为推动力的发展,为当地的邮轮产业发展奠定了基础。其二,经济价值。上海在这方面是先行区,其也是一个邮轮母港,而根据母港的空间结构组织来看,其必然会带动当地经济的发展,使其 GDP 得到显著提升。其三,文化价值。邮轮市场从西方逐步扩展到东方,其中也携带着邮轮文化,这种文化的进入,加深了我国民众对邮轮文化的了解,并在其逐渐发展中逐步接纳它,这进一步丰富了我国的旅游文化内容,为人们旅游提供了更为多元的选择。具体的价值创造层次,可参考下图 3-8。

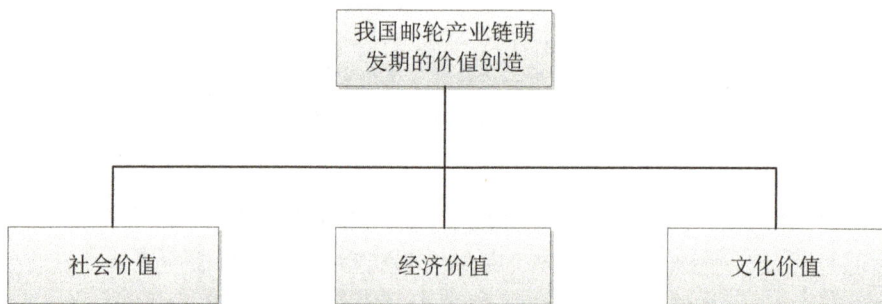

图 3-8　我国邮轮产业链萌发期的价值创造

3.2.3　系统动力学模型

3.2.3.1　模型说明

1) 萌发期影响北美邮轮产业链价值创造的因素分析

通过上述的分析,我们对北美该产业萌发阶段的价值创造情况有了较为详细地了解,在这个阶段,政策对其价值创造的影响还是很大的。美国颁布的两个法令,具有很强的效力,促进了邮轮产业链的蜕变,由以往的客运业务,逐渐丰富、完善,建立了旅游体验业务,这不但促进了邮轮文化的生成,也让航海旅行得到了跨越式发展。

总的来看,邮轮产业链的影响行业越来越多,行业日益多元化,在最初的时候仅仅有两个产业,而发展到后来具有了五个产业,具体可以参见图 3-9。

图 3 - 9　北美邮轮产业链萌发期变化

政策因素起到了重要影响,其他一些因素也有着不容忽视的影响,其中比较典型的就是造船技术。在北美邮轮产业链发展中,造船技术的发展、应用、完善也起到了重要的作用,在最初的时候,其充当的仅仅是"交通工具",而随着技术、需求等条件的成熟,其逐渐成为"旅游休闲目的地"。这个转变实际上涉及诸多功能的引入,对邮轮有了更高的要求,设计、建筑方面也有了显著变化。在以往的时候,造船厂仅仅做基本的设计、装饰,不涉及其他方面的内容,而现在更多的造船厂开始改善自身的服务,不但完善了自身的设计体系,而且请了专业的装饰公司参与其中,使邮轮变得更为豪华,且拥有了更为现代化的功能。

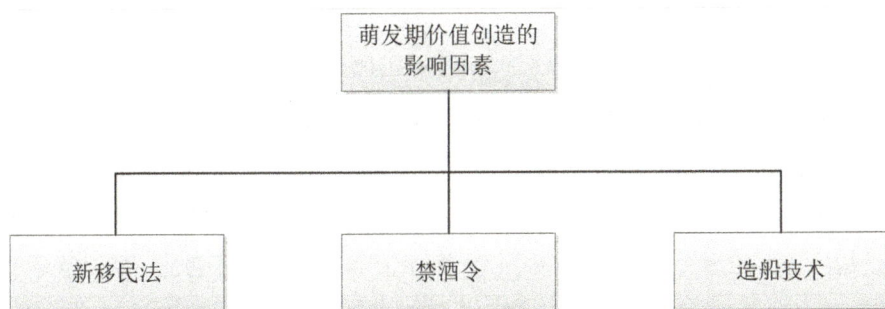

图 3 - 10　北美邮轮产业链萌发期影响因素

2) 影响我国邮轮产业链萌发的因素分析

我国邮轮产业链的发展,我们从表面上分析,可能会做出欧洲市场饱和的结论,然而事实并非如此。邮轮产业实际上是全球性产业,其布局也是全球性的,所以很难说哪个市场饱和了,因为邮轮产业本身是世界市场。需求是推动产业发展的重要因素,哪里有需求,便会有产业拓展的脚步。

首先,亚洲经济快速发展,其中最为典型的就是中国经济发展,而且亚洲人口也很多,两个人口大国都分布在这里,这显然有很大的市场挖掘空间,这就为该产业的东移创造了条件。相关研究显示,若是人均 GDP 显著增加,处于 6 000～8 000美元这个区间的时候,将会促进邮轮产业的发展,使其处于一个高速发展期。

在这方面比较典型的就是上海,结合其 2016 年的 GDP 数据来看,已经达到了54 305 元人民币,而换算成美元大概在 8 000 美元左右,并且将保持良好的变化趋势,而且人口基数很大,消费观念更现代,本身就是一个优质的邮轮旅游市场,具备发展该产业的诸多条件。

其次,邮轮旅游文化渗透。一个行业的发展和行业认知关系密切,国人的接受程度,对该产业的发展有直接影响,对其价值创造有重要的促进作用。《泰坦尼克号》是人们比较熟悉的,而通过这个电影,国人不但欣赏了一部凄美的爱情故事,也了解了豪华邮轮渡假方式。在国外邮轮公司不断向外拓展航线和停靠港口的时候,在我国港口停靠的次数不断增加,这刺激、引发了我国的旅游需求,促进了邮轮产业链的萌发。早在 2005 年的时候,就有 2 600 名的外国籍游客,通过邮轮"蓝宝石公主号"在我国的港口停靠,当时选择的是天津港,为了进一步拓展其业务,还在上海设立了办事处。2006 年的时候,"爱兰歌娜号"进行了第一次航行,其中就将上海作为基本港;发展到 2007 年,又在天津设立了基本港,在拓展航线的过程中,进一步选定了日本长崎作为旅游目的地。总的来看,在这个阶段,政府的支持尚没有明显体现出来,其中可以追溯的就是 2007 年颁布的一个文件——《关于进一步促进旅游业发展的意见》,在这个文件中就涉及了推动旅游新业态发展的主张,而在诸多的新业态中,邮轮旅游就是其中一种。通过上述分析可知,我国邮轮产业最初萌芽的时候,产业链形不成体系,主要集中在中间、下游环节,且发展不是很完善,只是具备了雏形。具体来说,中游环节,主要体现为港口服务业,而下游环节则主要体现为支撑、供给等产业。总的来看,这些环节的价值创造涉及诸多的因素,具体如下:①人均 GDP 增长。随着经济的发展,我国国民经济收入持续增加,有了大量的消费能力和可支配收入,自然更加有利于价值创造。②邮轮旅游认知度。认知度也影响到接受程度、参与程度,国人在这方面的认知越深,便越是能够接受这个行业,产生更大的市场需求,从而刺激这个行业的发展,创造更大的价值。③国外邮轮的影响。在国外的邮轮公司扩展航线、港口的过程中,我国的诸多港口都被纳入其中,停靠次数不断增加,而这显著带动了我国邮轮产业的发展。在这个时期,价值创造影响因素,具体可以参见图 3-11。

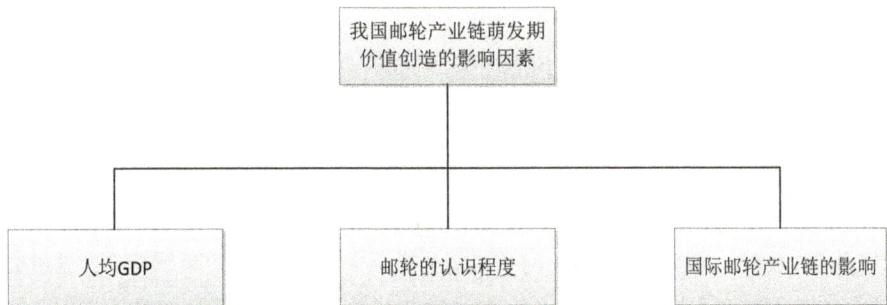

图 3 - 11　我国邮轮产业链萌发期价值创造的影响因素

3.2.3.2　模型结构

系统因素流

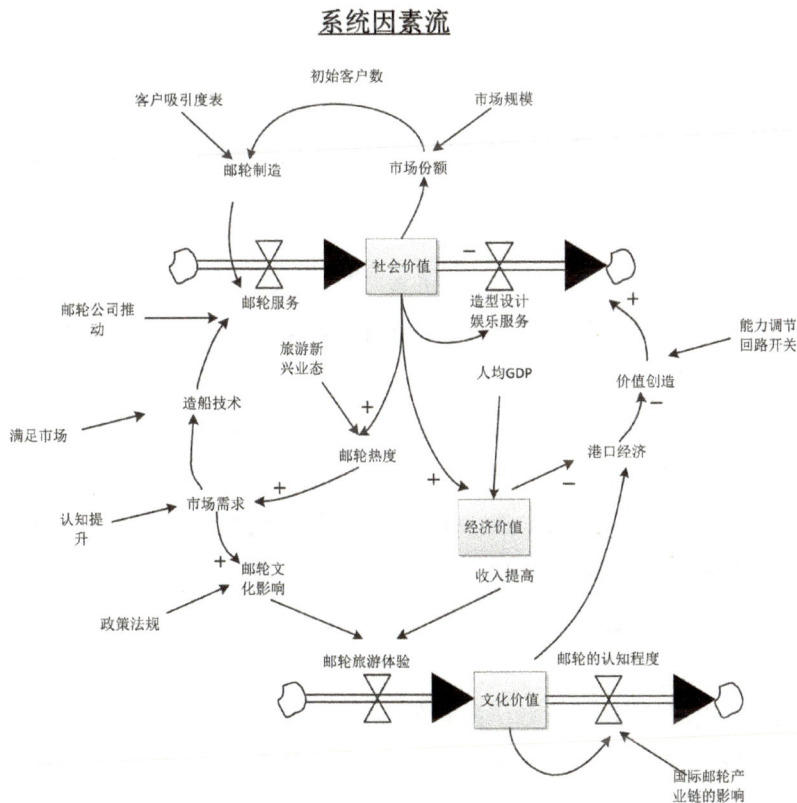

图 3 - 12　系统主体结构图

通过上述的分析可以看出,邮轮成长系统较为复杂,涉及诸多因素,其中不但包括社会价值、文化价值,还包括了经济价值等。笔者在这里提到的系统动力学模型涉及诸多的子系统,其中不但包括社会、文化、邮轮认识程度,还包括了经济、人均 GDP、国际邮轮产业链影响。各个子系统的关系,具体可参见上图。其中的箭头,代表的是因果关系,而其中的正负号,代表的是正负效应。

为了表示邮轮产业链萌发成长,笔者选用了价值创造这个指标。在诸多的因素中,社会、经济、文化价值,是正向影响,而其余的因素则是约束子系统,这些因素会影响产业产品供给,在此基础上对产业链萌发期成长产生限制性影响。

3.3 邮轮产业生成时期的系统动力学分析

3.3.1 邮轮产业链的生成

经过了最初的萌发阶段,一直到 1984 年,才产生了娱乐休闲型邮轮航行,以娱乐休闲为目的的邮轮旅游,邮轮的名为卡罗尼亚号。在服务范围上来看,其针对的是全球市场;而在路途远近上,其针对的是远洋邮轮旅游,人们也将其称为"绿色女神",之所以有这个称呼,主要就是因为其船身有三种绿色。在其之后,越来越多的邮轮开始涉入这个领域,开始推出基于客运的邮轮服务。

实际上,卡罗尼亚号是一个节点,在其之前,邮轮的设计主要考虑的是跨洋旅行,其舱位设计等级划分比较明确。其分布有不同的等级划分:其一,两等级划分。将其分为两个等级,一个等级就是头等舱,另一个等级是旅行舱。其二,三等级划分。这三个等级有头等、二等、三等之分。在划分上,和飞机的分布较为类似。随着时代的进步,出现了大量的新技术,其中不但包括造船技术、航海设备,还包括了雷达技术等,而且为了提高安全性,邮轮公司对其航线的安全性进行了反复考证。为了提高邮轮的舒适性,这些邮轮都设置了防震器,其可以防止航行中遇到突发情况时候带来的摇晃。此外,还在头等舱安装了收音机,这进一步丰富了娱乐、休闲体验。

进入这个发展阶段,若市场情况良好,该产业将会发展得更好。但是,事与愿违,这个阶段也遇到了一些新的变化,让其发展受到了很大的阻力。这是因为喷气式飞机出现,且大量的配套技术更进步、更新,飞机的飞行速度、安全性得到了进一步提升,飞行时间更短,可以节省人们很多的时间,在这方面比邮轮具有更大的优势。而且,喷气式飞机能够携带的人数也大量增加,超过了邮轮,这进一步推动了邮轮公司的变革、创新,在一定程度上刺激了邮轮公司产业链的形成和发展。

　　在面对挑战的情况,邮轮制造公司进一步加强了造船技术的研究,这涉及诸多层次,具体如下:其一,驱动力的提升,显著延长了邮轮航行距离,使其发展层次上了一个阶梯;其二,现代雷达、防震技术得到了发展,在一定程度上提升了邮轮安全性;其三,外观、内饰的升华,这让邮轮的休闲娱乐性得到了进一步提高。在整个发展过程中,邮轮公司的数量不断增加,业务范围也日益丰富,形成了较为系统的活动体系。邮轮制造公司的发展,在很大程度上促进了这个产业的发展,这体现在诸多方面,其中不但包括食品提供、机械电子提升,还包括了交通运输、与飞机的合作等,在这样的情况下,邮轮产业链进一步完善,具体可参见图 3 - 13。

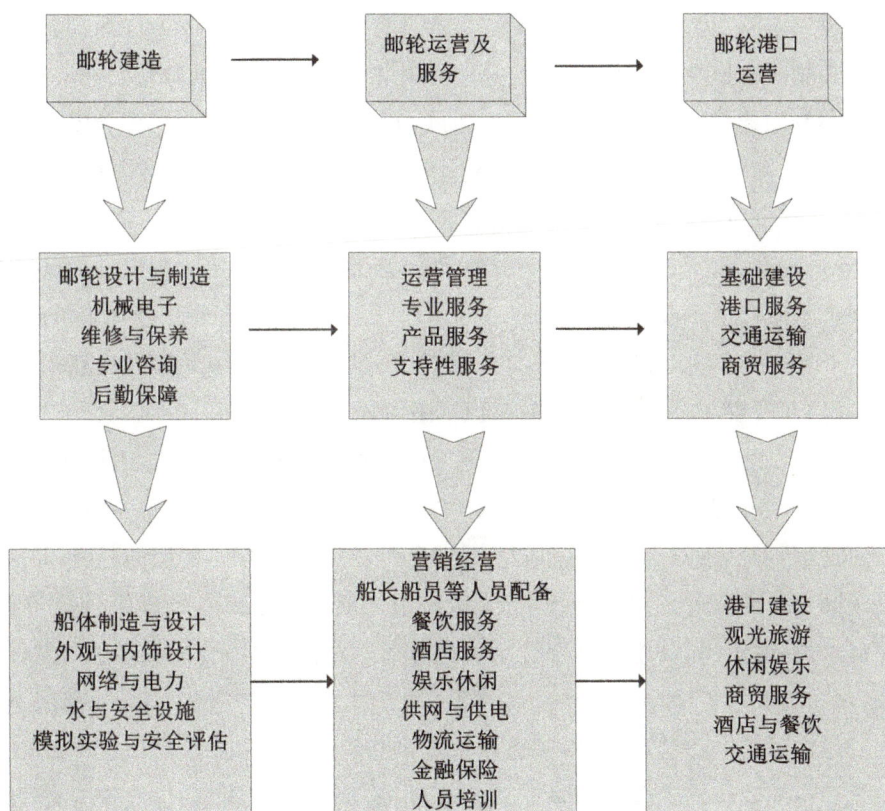

图 3 - 13　邮轮产业链生成时期的状态

3.3.2　成长动力机制构成

3.3.2.1　北美邮轮产业链生成过程中的价值创造

　　第一艘旅游用邮轮是海洋号,建立于 1965 年,建造的公司是霍姆公司。该公司的建立是为了更好地满足人们的需求,这个邮轮每周往返一次,航线从纽约,一直穿越到巴哈马。在学界,一直将其看作现代邮轮产业链的开端。我们可以将其分为诸多不同的阶段,其中 1960—1970 年,可以看作邮轮现代化时期;而 1971—1981 年,可以看作邮轮大众化时期;而从 1981—1995 年,可以看作邮轮豪华时期。总的来看,涉及的这三个阶段,可以看作邮轮产业发展时期,在这个产业的发展中,起到了十分重要的作用,影响了邮轮产业的发展格局。

1988 年,随着科学技术的发展、需求的变化,皇家加勒比公司在这方面进行了创新,建造了一艘巨型邮轮,我们将其称为"海上君主"号,在 20 世纪 90 年代起到了重要的开拓作用,伊丽莎白女王号之后,其可以算作最大的邮轮。具体来说,"海上君主号"总吨位为 73 000 吨,整个邮轮共计可载乘客量达到 2 600 名,其主要的航线是加勒比海航线,往返期限为一周。在其之后,越来越多的邮轮公司开始加入到巨型邮轮的建设中来,且完善了配置设施,其中不但包括健身馆、影像室,还包括了温泉室、国际长途电话等,在现代邮轮产业发展上,着实是浓墨重彩的一笔。总的来看,在这个阶段,邮轮产业链日益完善。这体现在诸多方面,比如在邮轮制造上,产业的发展、技术的进步和消费者要求提高,让邮轮公司更为关注邮轮的特色,并且在艺术修饰上不断改进、完善。在这个阶段,邮轮产业链条已经有了拓展的趋势,欧洲的发展已日臻完善,逐渐向美洲拓展,愿意到美国游玩的人也越来越多。此外,我们还要看到,邮轮市场拓展意识不断增强,逐渐延伸到亚洲。

1993 年,我国香港地区尚未回归,但是已经相当发达,云顶香港有限公司率先拓展了邮轮领域,其中最具代表性的是旗下丽星邮轮,其目标对象主要是亚洲市场。在这个阶段,飞机也得到了快速发展,且二者出现了合作发展的趋势,进一步促进了邮轮产业发展。在造船技术上,做出重大突破的是嘉年华邮轮公司。为了降低成本、拓展市场,其主张利用二手船进行改造,并将这些邮轮投入到加勒比海市场,参与到市场竞争中去。在发展过程中,还引入了广告语——fun in the sun,让人们记住了这个品牌。此外,其还采取了价格竞争策略,并且利用这个策略,成功占领了一部分年轻人消费市场。总的来看,这个阶段的兼并、合作较为常见,出现了两个最大的邮轮公司,其中一个是嘉年华,另一个是皇家加勒比。通过这个阶段的努力,皇家加勒比确定了邮轮巨鳄的地位,迅速占领了市场,市场信誉进一步提升,拥有一大批忠实游客,在市场上得到了快速发展,且利用自身的资源、优势,建立了邮轮客源网络,服务水平显著提高。

在产业链生成时期,我们需要看到,邮轮产业链变化巨大,具体可参见

图 3-13。之所以出现这种变化,主要是因为邮轮产业链的价值创造。总的来看,这个阶段,产业链价值创造涉及如下几个方面:其一,社会价值的创造,显著地完善了产业链,这体现在诸多方面,其中不但包括造船技术、邮轮市场,还包括了邮轮经济、造船模式等。其二,邮轮经济上,进一步深入,引入了飞机+邮轮模式,该模式进入市场后,迅速得到了邮轮旅游受众群体的接受和认可,参见图 3-14 以及表 3-3。为了促进市场的发展,这个阶段投放广告较为常见,甚至出现了邮轮大片,这使得人们对这种旅游方式产生了更大的兴趣,对其文化背景、造船技术等更为了解。其三,经济价值的创造,也带来了诸多的影响,这不但体现在经济利益的增加上,还体现在邮轮出游人数的增加上。其四,文化价值的创造,进一步推进了服务文化价值理念,并且让人们对高品质服务文化有了更为深刻的了解。

表 3-3　生成期嘉年华邮轮公司旗下邮轮规格

邮轮名称		排水量(吨)	船长(米)	船高(米)	船速	甲板层数(层)	电梯(部)
	嘉年华佳运号	102 422	887	26	21.6	12	18
	嘉年华征服号	109 000	949	26	21.7	13	18
	嘉年华光荣号	109 000	949	26	22.2	13	18
	嘉年华传奇号	83 989	958	23	21	12	15
	嘉年华奇迹号	87 979	959	21	23	12	16
	嘉年华自豪号	83 998	958	23	23	12	16
	嘉年华精神号	83 987	959	23	21	12	16
	嘉年华凯旋号	101 988	889	26	21.9	12	18
	嘉年华勇气号	109 980	949	26	21.9	13	18
	嘉年华胜利号	101 988	893	26	21.9	12	18
嘉年华邮轮	庆典号	47 198	729	24	20.9	9	8
	神往号	70 412	848	25	20.9	10	14
	欢欣号	70 412	849	25	20.9	9	14
	梦幻号	70 412	849	25	20.9	9	14
	神逸号	70 412	849	25	20.9	9	14
	假日号	45 998	719	24	20.9	9	8
	创意号	70 412	849	25	20.9	10	14
	巧思号	70 412	849	25	20.9	10	14
	银禧号	47 198	729	24	20.9	9	8
	乐园号	70 412	849	25	20.9	10	14
	佳名号	70 412	849	25	20.9	10	14
	自由号	109 987	949.8	26	23.1	13	18

资料来源:嘉年华邮轮公司官网

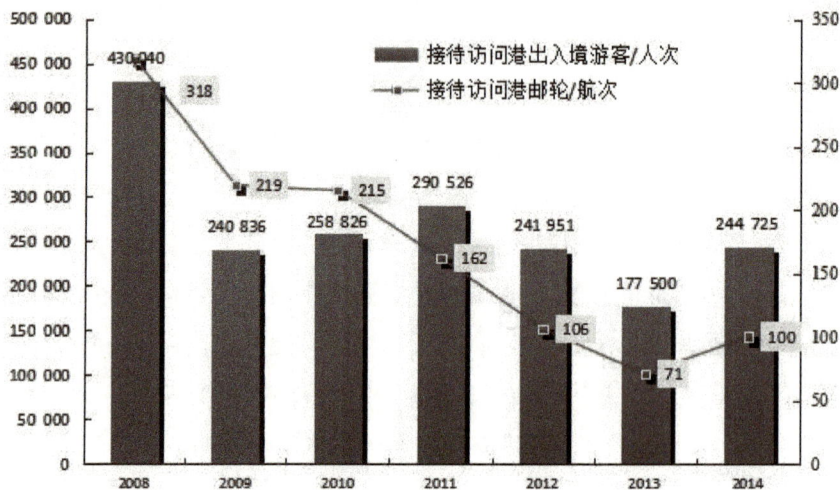

图 3 - 14　2008—2014 北美邮轮产业访问港接待游客及邮轮次数

资料来源:《邮轮绿皮书:中国邮轮产业发展报告(2017)》,社会科学文献出版社,2017.

通过各大邮轮数量的比较我们可以看出,其中邮轮数量最多的企业是嘉年华邮轮公司,在最顶峰的时候甚至达到了 22 艘。像其他一些邮轮公司大多都是几家有一艘,或是一家一艘。总的来说,拥有量比较少,其中不但包括探险邮轮公司、发现世界邮轮公司,还包括了帝王统治邮轮、江河探险邮轮等。在那时,邮轮公司共涉及 44 家,我们可以将其分为三个梯队,具体如下:①第三梯队。这个梯队的公司共涉及了 1~4 艘邮轮;②第二梯队。这个梯队的公司共涉及了 5~9 艘邮轮;③第一梯队。这个梯队的公司共涉及了 10 艘以上的邮轮。具体的情况,我们可以参见图 3 - 16。

如果单纯从各个企业船员数量来对其进行划分,可以将其划为 4 个层级,具体如下:第一层级,这个层级包含的船员数量在一万人以上;第二层级,这个层级包含的船员数量在五千到一万人;第三层级,这个层级包含的船员数量在一千到五千人;第四层级,这个层级包含的船员数量在一千人以下。具体情况可以参见表 3 - 4。

表 3 - 4　按邮轮船员数量划分的邮轮公司层级

层次	层级标准(人)	邮轮公司数	船员数(人)
一	>10 000	3	43 623
二	5 000～9 999	3	23 090
三	1 000～4 999	16	38 703
四	<1 000	22	5 429
合计		44	110 845

资料来源:《邮轮绿皮书:中国邮轮产业发展报告(2017)》,社会科学文献出版社,2017

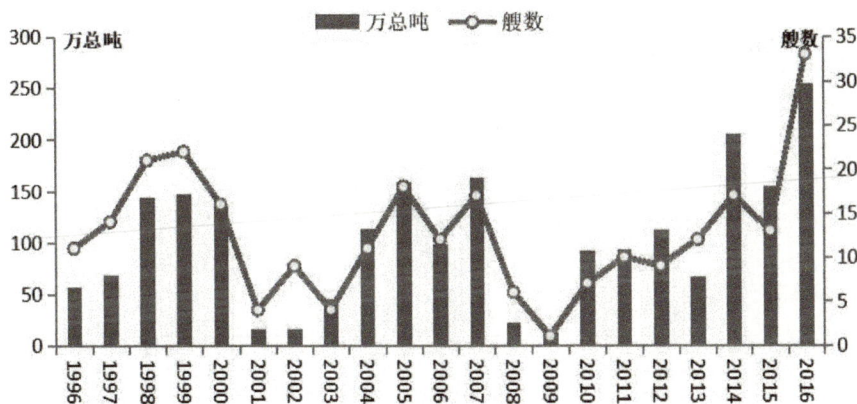

图 3 - 15　1996—2016 年全球豪华邮轮订单数量

资料来源:《邮轮绿皮书:邮轮产业发展报告(2017)》,社会科学文献出版社,2017

表 3 - 5　2005—2012 年北美地区在欧洲邮轮业经济增长和就业情况

	2005	2008	2010	2011	2012
直接支出(10 亿欧元)	8.3	14.2	14.5	15.0	15.46
直接收入(10 亿欧元)	2.8	4.6	4.4	4.6	4.75
全部收入(10 亿欧元)	6.0	10.0	9.3	9.8	10.067
总就业量(人)	187 252	311 512	307 506	315 500	326 904

资料来源:ECC(G.R.Wild/BREA)

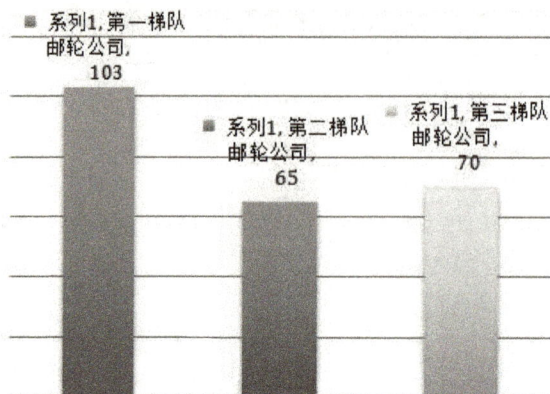

图 3 - 16　全球不同梯队邮轮公司拥有邮轮数量的分配图

资料来源:《邮轮绿皮书:邮轮产业发展报告(2017)》,社会科学文献出版社,2017

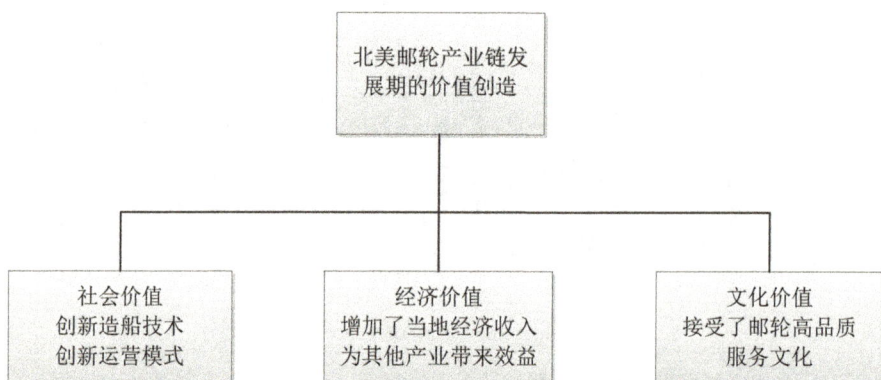

图 3 - 17　北美邮轮产业链生成期的价值创造

3.3.2.2　我国邮轮产业链生成过程中的价值创造

产业发展到 2009 年,歌诗达邮轮公司在这方面又进一步突破,派出了第二艘邮轮"经典号",这个邮轮的出发点设在上海。皇家加勒比公司旗下也将其触角延伸到上海,其海洋航行者号也将航线停靠港口选在上海,于 2012 年 6 月抵达。发展到 2013 年,这个邮轮也选择了上海作为其首航,这实际上标志着欧美邮轮公司的市场介入和参与,进一步增加了市场竞争,我国邮轮产业链得到了进一步发展,广受关注。之所以广泛关注,是因为我国产业的发展,对其也有很大的帮助。据CCYIA 统计结果显示,在 2016 年,我国主要的港口接待邮轮的次数达到了 996

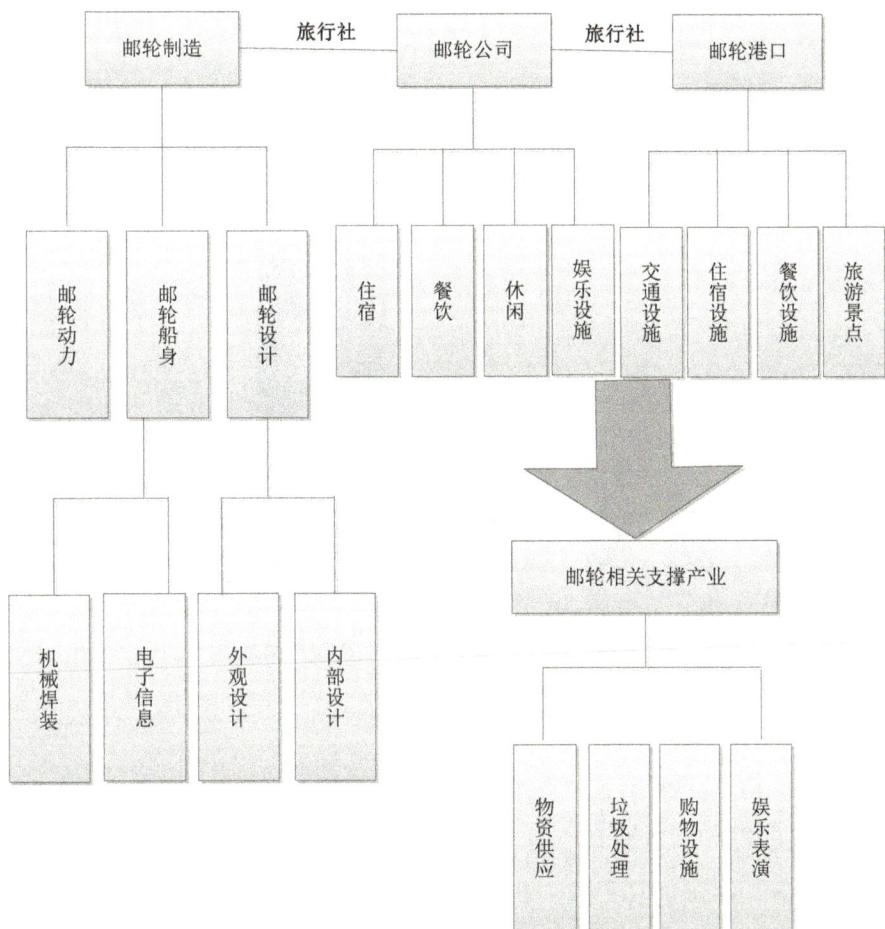

图 3 - 18　北美邮轮产业链生成期的雏形

次,相较于 2015 年,有 58% 的增长,母港航次达到了 913 次,相较于 2015 年,有 69% 的增长,访问港航次达到了 83 次,相较于 2015 年,有 8% 的下降。这些主要的港口,接待的游客数量达到了 452.26 万人次,相较于 2015 年,有 82% 的增长;在这些游客中,涉及的出境中国旅客数量达到了 424.52 万人次,相较于 2015 年,有了 91% 的增长;涉及的入境境外旅客数量达到了 27.74 万人次,相较于 2015 年,有 8% 的增长。

相关数据结果表明,在 2013 年,邮轮套票的销售总额共计产生了 68 亿美元的收入,若是据此发展态势,持续到 2018 年,在这方面的销售收入甚至能够突破百亿。总的来看,相对于 2006 年,我国的这一产业获得了较大发展。

根据中国交通运输协会邮轮游艇协会(CCYIA)统计,2017 年中国 11 个港口共接待邮轮 1 181 艘次,其中母港邮轮 1 098 艘次,访问港邮轮 83 艘次。

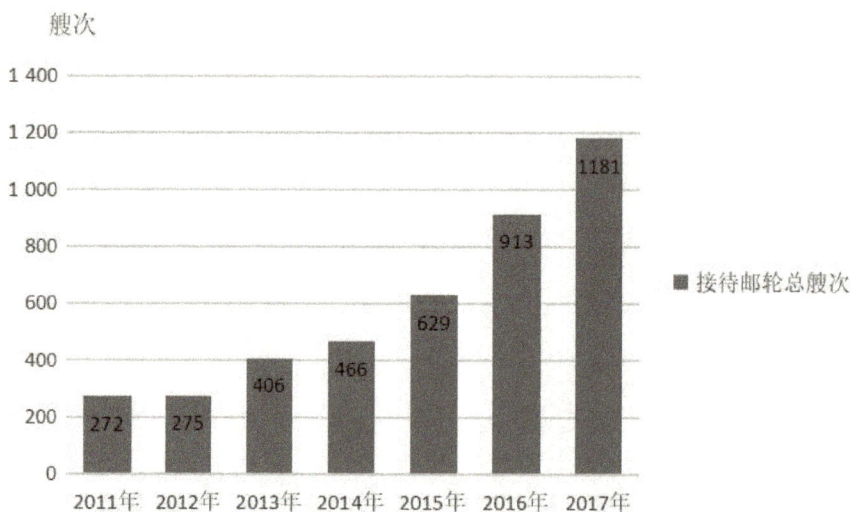

图 3-19 2011—2017 年我国接待邮轮总艘次

资料来源:CCYIA

从当前的情况来看,若是严格限制海上邮轮的概念,我国还没有现代意义上的本土邮轮。追溯到 2012 年,海南航空公司购买了一个二手邮轮,命名为"海娜号",但是这个邮轮已经在 2015 年的时候报废。2014 年的时候,在这方面进行尝试的还有山东渤海轮渡,其也购进了二手邮轮,并将其称作"中华泰山号",但是碍于诸多因素,难以将其纳入中国籍,所以究其本质,也不能算作中国邮轮。时间发展到 2015 年,携程旅游也在这方面进行了尝试,和皇家加勒比公司建立了合作关系,并组建了天海邮轮公司,并依托此举正式进军邮轮行业。此外,还购进了一个邮轮,称为"新世纪号",现在处于运营状态。

2017 年,以中国游客为主的母港艘次出入境 478 万人次,以境外为主的访问港艘次出入境 17 万人次。以我国为代表的亚太地区邮轮市场需求激增,推动以大型豪华邮轮为代表的邮轮产业进入到一个"黄金时期"。

万人次

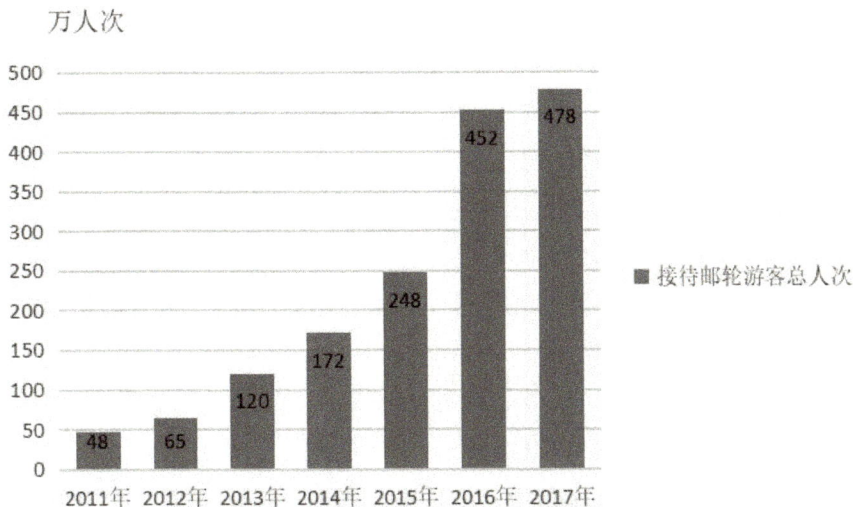

图 3 - 20　2011—2017 年我国接待邮轮游客总人次

资料来源：CCYIA 统计

2006 年以来，在我国停靠的基本上都是外籍的，具体如下：

（1）美国嘉年华邮轮集团。其在这方面发展较为领先，在航线、停靠港口的确定上都走在前面，其中最主要的是其旗下两个邮轮公司，一个是意大利歌诗达邮轮，另一个是公主邮轮。实际上，早在 2006 年的时候，歌诗达邮轮就率先进入了我国的市场，迅速占领了先机，拓展了中国邮轮旅游市场，进入我国的邮轮数量达到了六艘，其中不但包括爱兰歌娜号、经典号，还包括浪漫号、赛琳娜号等。2013 年，其又开展了进一步的策略，开辟冬季邮轮航线，是首个在我国开设全面运营航线的邮轮。发展到 2015 年 3 月，在充分把握中国市场的基础上，又专门打造了环游世界 86 天航线。发展到 2016 年，仍然保持运营的有四个，其中不但包括大西洋号、赛琳娜号，还包括了维多利亚号、幸运号。公主邮轮公司进入这个市场并不是很长，在 2014 年前后才正式进入，发展到 2018 年，其有三艘邮轮在中国运营，分别是"蓝宝石公主号""黄金公主号"和号称专为中国市场量身定做的"盛世公主号"。

（2）美国皇家加勒比游轮集团。其进入我国市场也比较早，旗下共 5 艘邮轮。早在 2008 年的时候，就以同名子品牌船队，开始进军中国市场，引入了几艘邮轮，其中不但包括海洋水手号、神话号，还包括了海洋航行者号。追溯到 2015 年 6 月，为了扩大影响，开展了以"来自未来的邮轮"为核心主题的宣传活动，主张在邮轮中引入更多的创新、高科技，并且推出了海洋量子号邮轮，并且选取上海港口作为起点,采取全年亚洲航线,这对我国的邮轮市场产生了积极的影响。从亚洲的邮轮来看,其在诸多方面占据优势,不但包括吨位、科技水平,还包括设施等,可谓是最大最先进。在与高科技接轨上,做的也非常好,引入了诸多高科技体验项目,其中不但包括北极星、模拟冲浪、攀岩,还包括了机器人酒保、碰碰车等。邮轮实现了娱乐、科技、创新的结合。当海洋量子号进入中国市场后,迅速打开了局面,并引起了广泛的反响,可见对中国市场的重视,这也在一定程度上反映了我国邮轮产业的巨大市场。2016年,还引入了新的邮轮——海洋赞礼号,也将其纳入大陆运营体系当中。

(3)马来西亚云顶丽星邮轮公司。总的来看,其主打东南亚航线,这方面的实践也比较早,在2003年的时候,就选择了上海作为自己的试点港口,进行了短暂经营,发展到2008年,开始涉入厦门、三亚市场,总的来看,香港、新加坡在其业务中占据主体,在台湾、三亚也有其部分航线。

上面介绍的三大邮轮公司,都是这个领域内的翘楚,为了拓展中国业务,基本上都设立了办事处,且集中在上海、香港等地。其业务的开展大多是分季节运行,且涉及沿海、东南亚等国家地区的串行,或者建立了香港、澳大利亚等地区航线,并且依据季节的差异进行调整。总的来看,这些邮轮基本上在5万吨以上。从当前的情况来看,沿海港口的国际邮轮涉及诸多国家,其中不但包括日本、法国、荷兰,还包括了英国、德国、芬兰、俄罗斯等。这些国家的邮轮普遍吨位小于5万吨,航行的路线大多比较远。从当前的情况来看,我国的主要沿海城市,正在积极筹备建设国际邮轮中心,诸如上海、三亚等,其中很多港口还将被建设成母港,诸如上海港、厦门港等。总的来看,我国邮轮产业链并未完全成熟,处于发展时期,邮轮港口仍然是发展的重点,目前虽说也有两艘邮轮,但是并非自主设计、制造的,而是通过其他国家购买的二手船。此外,我国的邮轮公司,并不具备扎实的经营、管理能力,在我国的产业链中,价值创造主要依靠的还是港口服务。伴随经济的发展,我国的邮轮消费市场将得到进一步的开发,成为全球第二大市场。总的来看,这个阶段创造的价值涉及如下几个方面:其一,旅游人数结合速度增长;其二,在设计、制造游轮上试水;其三,以我国港口为母港的航次将得到明显增加;其四,显著带动周边城市经济社会的发展。

3.3.3 系统动力学模型

3.3.3.1 模型说明

1)北美邮轮产业链生成的影响因素分析

总的来看,在该阶段,北美邮轮产业发展速度较快,且逐渐攀升到其速度的巅峰。之所以发展速度如此快,涉及诸多方面的原因,具体如下:其一,变换了运营模式,提高了对外宣传效果。为了进一步促进邮轮旅游的发展,其在投资宣传、推广上投入了大量的资源,甚至拍摄了不少的电视剧。其中比较典型的就是,1980 年的"Love Boat",这部电视剧本身就具有很强的宣传目的,当时这部剧的热映,进一步刺激了邮轮旅游的发展,让其深入人心。1990 年又出现了一部力作,即《泰坦尼克号》,这部电影是人们比较熟悉的,而通过这个电影,国人不但欣赏了一部凄美的爱情故事,也了解了豪华邮轮渡假方式,让人们对邮轮旅游文化了解得更为深入,促进了邮轮旅游的发展。其二,可支配收入提高。经济发展促进了人们收入的提高,可支配收入还有很多,就会选择多样化的消费,产生各种需求。需要层次理论指出,人的需求涉及诸多的层次,且遵循从低到高的发展顺序,当低层次需求已经满足,便会产生高层次需求。具体来说,当人们的物质需求满足,便会追求更高的精神需求,愿意进行精神享受、消费,这就产生了大量的服务需求。邮轮旅游本身也是一种服务,其本身能够和人们高层次的需求相适应。其三,世界经济格局变化。在这个阶段,美国的经济迅速发展,超过了霸主英国,在这种宏观背景下,邮轮产业逐渐向北美发展。其四,价值观和生活方式变革。在工业化的快速发展中,人们面临更为紧张的生活、工作节奏,这大大增加了人们的生活压力,使其产生了对舒缓、优雅生活的渴望,在这样的情况下,邮轮休闲娱乐方式自然而然进入了人们的视野,并受到很多人的追捧。

总的来看,在这个阶段,价值创造的影响因素有如上四个。我们可以看出,其价值创造及其影响因素,实际上处于无限循环,其创造社会价值的主要体现形式就是造船技术创新、运营形式的完善,而这两个表现形式,同时也是价值创造的因素。同样的,价值创造的经济表现形式,就是经济收入的增加,而经济的发展,尤其是GDP 的上升,让人们有了更多的可支配收入,而这也刺激了对休闲娱乐的需求。至于为何邮轮产业链转移,涉及如下两个方面的原因:其一,欧洲人亲戚朋友在美国,在亲缘关系的影响下,人们存在去北美的目的。而在选择交通运输方式的时候,邮轮可以放松心情,成为出行的首选。其二,这些地区的资源丰富,具有显著的地缘优势,吸引了很多乘客,也让很多消费者将其看作首选旅游目的地。在当时的情况下,世界邮轮旅游竞争加剧,为了争夺客源市场,各个公司绞尽脑汁,想尽办法拓展市场,将其产业链延伸,逐渐拓展到东亚、东南亚等地。

从这个时期的情况来看,北美产业链发展影响因素涉及诸多方面的内容,具体如下：①宣传方式转变，为了提高宣传效果，采取了诸多的手段，其中比较有代表性的就是电影、电视剧宣传，在多元化的宣传下，邮轮旅游逐渐进入人们的视野，成为新的旅游目的地。②人们可支配收入的提高，当人们的可支配收入增加，必然会使其需求层次提高，进而选择娱乐休闲消费，而旅游行业正好满足其需求。③全球经济板块的变动，美国占据了经济核心，影响力不断提升，北美地区逐渐作为邮轮产业中心，其中美国更是中心的核心。④生活方式、观念转变，在工业化的快速发展中，人们面临更为紧张的生活、工作节奏，这大大增加了人们的生活压力，产生了对舒缓、优雅生活的渴望，在这样的情况下，邮轮休闲娱乐方式自然而然进入了人们的视野，并受到很多人的追捧。总的来看，这个时期，邮轮发展影响因素，可以参见图 3-21。

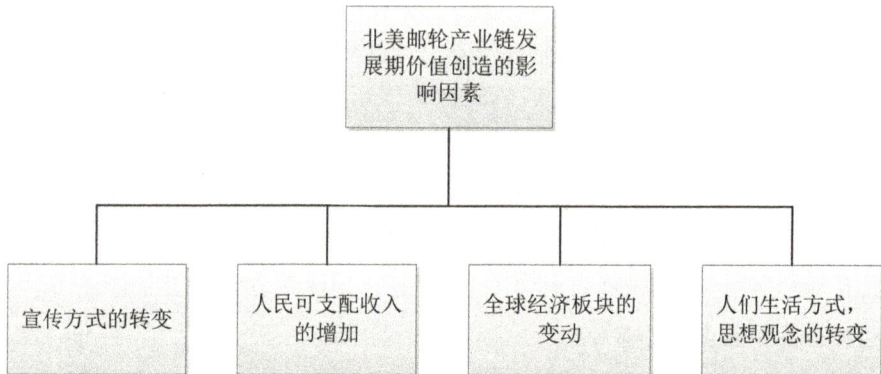

图 3-21　北美邮轮产业链生成期价值创造的影响因素

2）我国邮轮产业链生成的影响因素分析

邮轮产业发展速度很快，利益创造更是惊人，而这对资本有很大的吸引力，于是大量的资本介入这个行业。2015 年，携程旅游进行了尝试，和皇家加勒比公司合作组建了天海邮轮公司，并依托此举正式进军邮轮行业。在其试水之后，大量的国内本土企业进入这个领域，各个产业链条都有所介入，进一步完善了产业链体系。其中在寻找伙伴介入的还有不少企业，其中不但包括中船集团、中国远洋集团，还包括招商局集团等，都迫切需要利用合作的方式，进入邮轮产业。此外，我们还应该看到，海外的邮轮巨头，也将中国市场作为必争之地，在这方面积极布局，引入了诸多更新、更大的邮轮。就目前的情况来看，我国国际邮轮港口数量有所提高,已经有十余个,其中发展最好的是上海,每年接待游客量成倍增加。我们所说的邮轮产业链,实际上并非单纯涉及一个行业,还涉及诸多配套行业的发展,其中不但包括餐饮行业、旅游行业,还包括了交通运输业等。

纵观我国邮轮产业发展,我们可以看出,邮轮产业链发展影响涉及诸多方面,具体如下:①旅游市场的需求。需求对行业的推动作用巨大,只有刺激更大的市场需求,才能让更多的主体介入这个领域,促进这个产业的发展。②政府的政策扶持力度。以上海吴淞口国际邮轮港为例,其效益显著高于一般港口,大约在 10 至 14 倍,和当地政府的政策支持有很大的关系。③邮轮全产业链的发展。完整的产业链涉及上、中、下游三个梯度,我国的企业逐步涉入制造、维修行业,并且在经营上进行尝试,这对产业链的完善有重要的意义。

3.3.3.2　模型结构

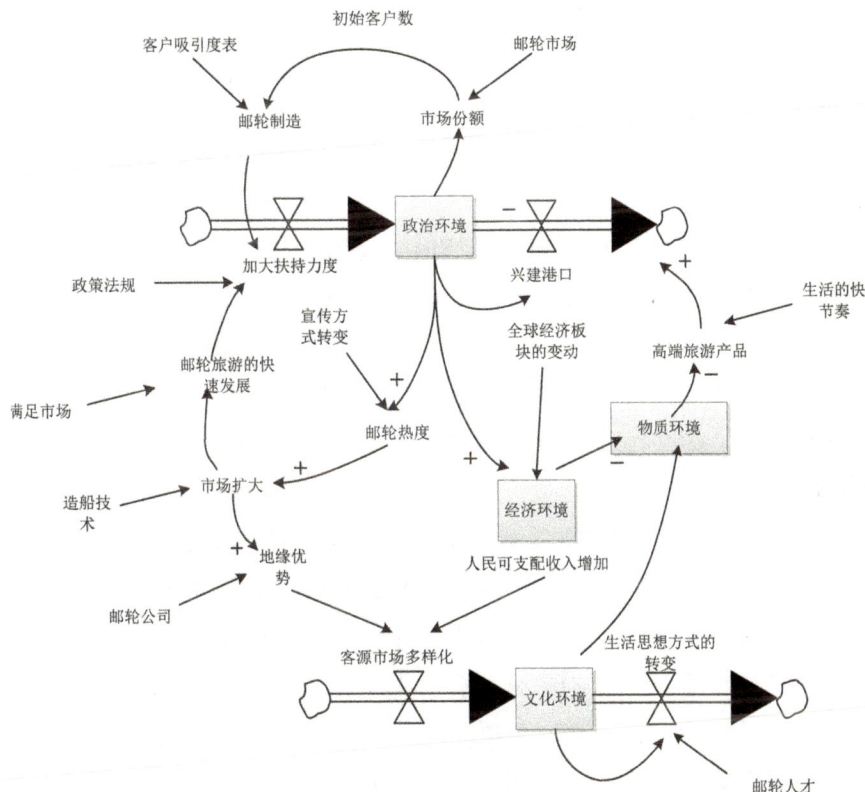

图 3 - 22　系统因素流图

通过上一节分析,我们可以看出,邮轮成长系统颇为复杂,涉及诸多的作用因素,其中不但包括政治、文化因素,还包括了经济、物质等因素。笔者在这里引入的系统动力学模型涉及十二个子系统,其中不但有政治、文化、邮轮航线、目的地选择、闲暇时间、旅游诉求,还有经济、物质、港口码头建设、居民收入、个人偏好、邮轮公司发展。其中,各个子系统之间的关系,可以参见图 3-22。其中的箭头,代表的是因果关系,其中的正负号,代表的是正负效应。

为了表示邮轮产业链萌发成长,笔者选用了价值创造这个指标。在诸多的因素中,社会、经济、文化、物质环境,是正向影响,而其余的因素则是约束子系统,这些因素会影响产业产品供给,在此基础上对产业升级期成长产生限制性影响。

3.4　邮轮产业升级时期的系统动力学分析

3.4.1　邮轮产业链的升级

第一艘用于旅游的邮轮是海洋号,建立于 1965 年,建造的公司是霍姆公司。该公司的建立是为了更好地满足人们的需求,这个邮轮每周往返一次,航线从纽约,一直穿越到巴哈马。在学界,一直将其看作现代邮轮产业链的开端。这个时期,挪威加勒比海邮轮公司,引入了诸多邮轮船队的方式,并且在推出了面向大众的邮轮旅游销售,将周期设定为全年,在当时,是第一个专门提供邮轮旅游服务的企业,在这方面十分专业。为了提供更为周到的邮轮服务,专门推出了功能超前的向阳号,依托这个邮轮,展开了邮轮旅游业务,这个邮轮可以提供邮轮旅游体验服务,期限一般在 3~4 天,这对当时邮轮旅游发展具有十分重要的意义。

随着经济形势的好转,邮轮旅游产业得到了快速发展,在诸多方面都有了变化,其中以设施和服务的现代化最为明显,具体如下:①等级舱位构造被解除,以往的邮轮依据等级划为不同的舱室,而随着产业的发展,等级设施解除,大量闲余的空间被开发,可以组织更多的娱乐休闲活动,这对消费者产生了很大的吸引力。②配置大型温泉澡堂,为了给消费者带来最佳的体验,还引入了温泉澡堂,其中不但有房间内的热水澡,还有高档的温泉服务可以享受。③增加休闲娱乐项目,为了丰富娱乐功能,增设了诸多休闲娱乐项目,其中不但包括高尔夫、健身,还包括台球等。④旅客可以更为亲密地接触大海,进行潜水,或是游泳。另外,游轮上还提供了赌博游戏、美酒、歌舞表演、钢琴表演等。⑤享受服务及设施平等。因为取消了等级,所以服务和设施对每个人来说都是平等的,在邮轮这个特殊的旅游目的地,并没有阶级的存在,这会显著增强旅游的舒适感和自在感。为了满足旅客的需求,邮轮进行了诸多现代新航线的开发,且增设了生活、娱乐设施,提高了相应的服务水平,拓展了服务的内容,让整个邮轮的氛围更好,吸引了年轻的游客,对那些有小孩的家庭也有较大的诱惑力,成为最热门的旅游胜地。随着产业的不断发展,越来越多的公司进入其中,其中不但包括北美嘉年华邮轮公司、皇家加勒比邮轮公司,还包括了公主邮轮公司等,为产业链的完善提供了动力,使产业链条向美国拓展,产生了诸多新的航线,推动产业进入大众化时代。

大众化时代来临不久,又遇到了石油危机。这次危机,迫使产业链开展了一系列技术革命,不少的公司都组建了邮轮船队,其中不但包括嘉年华、公主邮轮,还包括了皇家加勒比等,总的来看,这个阶段,现代邮轮进入豪华时代。在这方面,最先做出改革的是挪威邮轮公司。为了提升自身的竞争力,占据优势,公司购买了"法国号",并进行了装饰,使其成为超豪华梦幻般的邮轮,在行业内产生了较大的轰动。这座邮轮上,休闲娱乐项目更多,还有诸多的娱乐场所,很多都颇有特色,其中不但包括百老汇剧院、购物广场,还包括了露天咖啡馆等,引领了新的创新潮流。其他公司也纷纷在这方面进行改革,组建了豪华邮轮船队,并且在装饰、项目建设等方面不断进行着新的定义和创新。此外,我们还应该看到,邮轮产业,从最初在欧美大陆发展,逐渐拓展到亚洲板块,其中最先在亚洲拓展业务的便是丽星邮轮公司。具体来说,其先是购买了欧美的邮轮公司,然而借助成熟的经营管理,在欧美、亚洲等推行自身的业务,建立了全球邮轮公司,在亚洲是最早进行这方面探索、尝试的国家。邮轮产业链不断发展,从最初的大众化、奢华化,再到后来的现代化、国际化,进化的过程同时也是完善的过程,主导产业、配套产业都得到了发展,且进入成熟阶段。具体可以参见图 3 - 23。

3.4.2　成长动力机制构成

3.4.2.1　北美邮轮产业链生成过程中的价值创造

《泰坦尼克号》人们耳熟能详,作为奥斯卡获奖影片,影响了无数的观众,且让人们深入地认识了邮轮。作为巨型邮轮的代表,其体现出来的豪华奢侈,和凄美的爱情故事,都给我们带来很大的冲击,而这赋予了邮轮浪漫主义色彩,令人遐想。而我们需要看到的是,这个邮轮实际上属于北美邮轮公司。所谓的邮轮旅游,在最初的时候是海上定点、定期航行的以载客为主要目的的轮船。从 19 世纪,持续到 20 世纪上半叶,邮轮出行已经渐渐成为人们的习惯,备受社会名流的喜爱。20 世纪中叶,这种情况发生了改变,飞机在运输上更为节省时间且更为安全,所以人们对邮轮的依赖性逐步降低,轮船的安全性、运行周期毕竟不占优势。飞机业务大量

风力船舶 时期 1800以前	远洋 客运 时期	跨洋 航行 时期	邮轮 旅行 时期	现代 邮轮 时期	大众 邮轮 时期	豪华 邮轮 时期	产业 扩张 时期	产业 调整 时期	产业 增长 时期	产业 成熟 时期
	邮轮产业链 萌发时期 1800-1959			邮轮产业链 发展时期 1960-1995			邮轮产业链 生成时期 1996-2005		邮轮产业链 成熟时期 2006-2020	

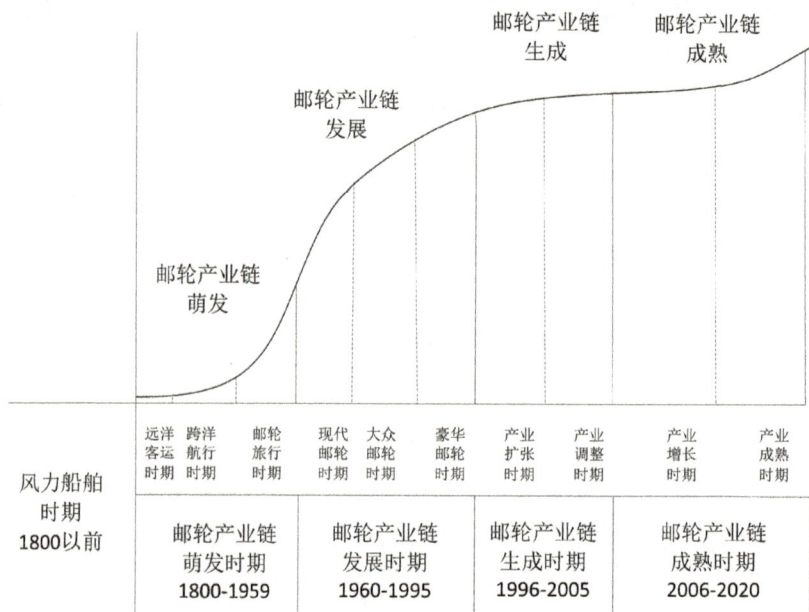

图 3-23　邮轮产业链发展历程

增加,且受到人们的欢迎,而这导致轮船公司利润大减。为了改善这种情况,邮轮公司绞尽脑汁,为寻找出路,提出了长时间海上航行的主张,并且增设了娱乐功能。在这个设计、规划框架内,乘坐轮船的目的并不是单纯为了空间迁移,而是要在空间迁移的同时,让人们可以在邮轮上享受休闲娱乐服务,可以享受到一个完美旅程。在这样的经营、调整下,便产生了邮轮观光旅游。

我们应看到,邮轮最早是在欧美产生和发展的,在其主要的港口城市,港口服务产生较早,19 世纪 60 年代就在这方面进行了探索,比较典型的有两个,一个就是沐浴按摩健康旅行,另一个就是邮轮旅游。为了能够将大众引入到邮轮旅游中来,价格定位更加平民化,符合大众的消费能力,这推动邮轮乘客数量的增加。但是发展到 20 世纪 80 年代,邮轮产业才开始逐步建立起来,其中以一些海滩国家为主,具体如坎昆、多米尼加等。而这些配套产业的发展,也促进了当地旅游业的发展。然而,在 20 世纪末的时候,全球经济都陷入低谷,为此,邮轮公司纷纷推出了新的航线,诸如岛屿国航线,并且引入了更多的欧洲文艺,积极推进邮轮制造技术改革,使这个时期的邮轮产业进一步发展。

在北美地区,最具竞争力的实际上是邮轮母港。在美国,邮轮产业链的发展,主要可以包括两个地区,一个就是加州,另一个就是佛罗里达州。在 2010 年的时候,后者的三大城市,接待游客的数量达到了 520 万多人次,而这个数量超过了全美邮轮游客接待量的半数。之所以其表现如此理想,不但是因为母港本身自然条件优越,也是因为硬件配套设施完善,这都吸引了大型豪华邮轮停靠。此外,我们还要看到,这些母港本身科技水平较高,且具有诸多的航线,这也给了人们更多的选择。区域选择条件好,这点也十分重要,因为这些港口附近地区经济较为发达,设施比较完善,交通更为便利,适宜开展旅游活动。政策限制少,这些地区较为开放,进出关管理不是很严格,所以很多产业都可以得到发展,进而反哺邮轮产业。

3.4.2.2　北美地区邮轮市场供给概况

从该地区 2012 年的数据来看,共增加邮轮数量 5 艘,客运数量有了明显的增长,达到 13 410 客位。在该地区较为活跃的邮轮共计 185 艘,这些邮轮的载客总量达到了 333 714 人次,相较于 2011 年,所在的客位数有 3.9% 的提高。具体可以参见图 3 - 24。

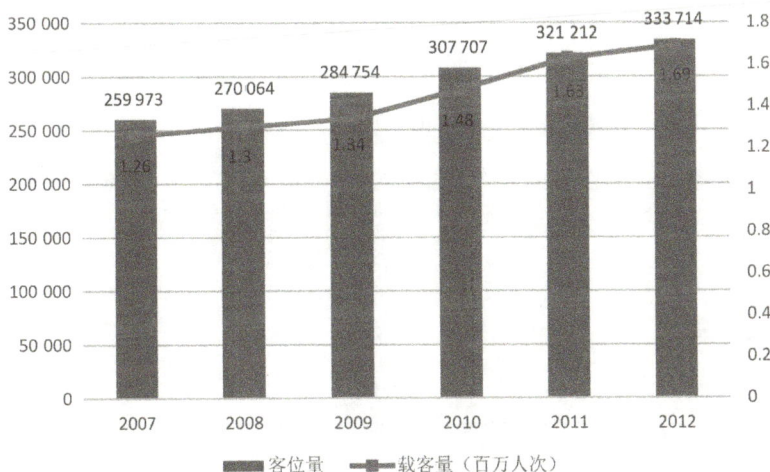

图 3 - 24　2007—2012 年北美市场邮轮客位量和载客量情况

数据来源:CLIA

之所以出现 2012 年邮轮增速变慢的情况,和大型邮轮停运有直接关系,其中比较有代表性的就是歌诗达"协和号"的停运。还有一个原因,就是在这一年新增的邮轮载客量不是很多,不但没有 5 400 客位的,就算连比其少的 4 000 客位的都没有,新增的最大载客量的也就是嘉年华清风号,具体可以见图 3 - 24。

3.4.2.3 北美地区与欧洲地区邮轮市场需求概况的差异

在这方面,笔者搜集了国际邮轮协会的数据:美国公民选择邮轮作为旅游方式的人数达到了 1 060 万,相较于 2011 年,有 2.2%的提高,占比 63%;此外,在其港口登陆的游客,显示为 1 010 万人次,在全球总量的比例达到了 59%,相较于 2011年,有 2.5%的提高,其中佛罗里达州母港接待的数量最多,达到了 610 万,这个人次在美国母港总接待量中,所占的比例达到了 60%,较为稳定;公司、乘客和员工,消费总额共计 196 亿美元,相较于 2011 年,有 4%的提高。其中邮轮公司消费最多,达到了 160 亿美元,而剩余两者的总消费达到了 36 亿美元。[①] 具体可以参见表 3-6。

表 3-6 2009—2012 年北美地区邮轮市场规模增长情况

	2009	2010	2011	2012	2009	2010	2011	2012
	北美地区邮轮运力情况				年增长率(%)			
邮轮数量	167	176	180	185	3.7	5.4	2.3	2.8
客位数	284 754	307 707	321 212	333 714	5.2	8.1	4.4	3.9
邮轮日(百万天)	93.41	104.36	114.06	120.36	3.8	11.7	9.3	6.6
	北美地区接待国际邮轮旅客情况				年增长率(%)			
邮轮旅客接待量(百万人次)	13.44	14.82	16.32	16.95	4.8	10.3	10.1	3.8
邮轮日(百万天)	97.67	107.64	116.60	123.48	4.2	10.2	8.3	6.9
舱房使用率(%)	104.6	103.1	102.2	102.6				

数据来源:CLIA

要发展邮轮产业,需要有良好的旅游便利条件。纵观国外在这方面发展比较好的,大多拥有相同的特征,具体体现在三个方面:文化氛围相同、出口旅游办理手续简化、贸易往来频繁。正如北美、欧洲之所以能够有频繁的邮轮旅游,就是因为在这些方面比较类似。

---

① 数据来源:CCYIA 统计

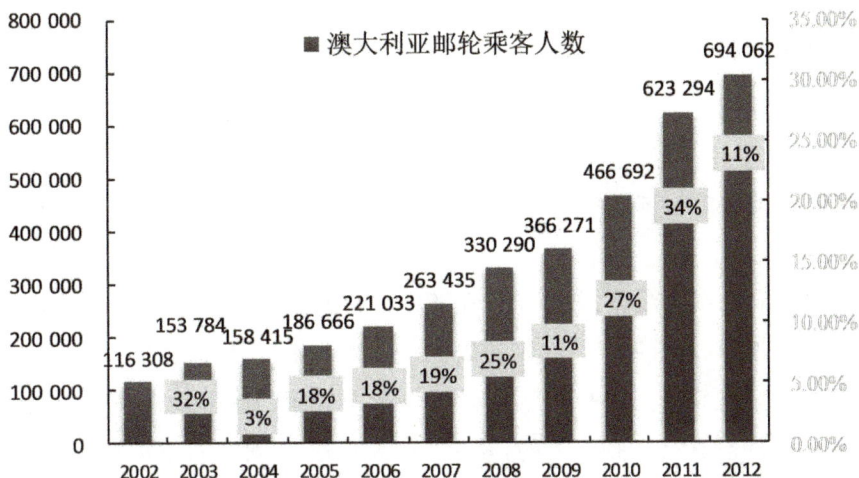

图 3 - 25　2007—2012 年欧洲游客统计情况

资料来源：Australian Cruise Industry Printed Report lo-res

一组由 CLIA 与 BREA 合作收集的数据如下：在 2014 年的时候，从全球邮轮游客数量来看，有了很大的突破。在 2009 年的时候，数量为 1 780 万，而到了 2014 年，则达到了 2 210 万。调查结果显示，选取对邮轮假期满意的被调查者占到了整体的 89%；选取愿意将邮轮介绍给朋友的被调查者占到了总体的 84%。从大小上来看，邮轮的增大速度以 18% 增加，其中涉及的操作事故的发生概率不断下降，平均下降速度为 13%。[①] 此外，数据还指出，邮轮旅游产业影响了北美的 GDP，正面影响达到了 26%，而其他产业平均才达到了 14%，可见所起作用之大。

表 3 - 7　2015—2020 年我国邮轮未来发展预测

年份	海洋	内河	总计	邮轮轮船总投资（10 亿美元）
2015	6	15	21	4.13
2016	9	3	12	6.37
2017	6	3	9	5.20
2018	8	1	9	6.39
2019	3	1	4	2.69

---

① 数据来源：CLIA 统计

（续表）

年份	海洋	内河	总计	邮轮轮船总投资（10亿美元）
2020	1	1	2	0.91
合计	33	25	90	25.72

资料来源：《邮轮绿皮书：邮轮产业发展报告（2017）》，社会科学文献出版社，2017

从当前的情况来看，北美邮轮产业链经过长期的发展，日益成熟，处于成长时期。笔者在搜索数据的时候，涉及的数据是最近几年的，故而在分析的过程中，主要围绕这些数据开展。具体来说，全球邮轮产业价值创造相关的信息、数据，主要的获取渠道就是 BREA 研究机构，其涉及的大量数据，都是权威机构公布的，涉及诸多方面，其中不但包括消费量、收入，还包括了产出量等。具体可见表3-8，其中我们可以看出产业总产出贡献共计达到了1 199亿美元。

表3-8　2014年全球邮轮产业经济贡献

种　类	全球
游客及乘务员岸上的旅游观光（亿人次）	0.22
工资收入（亿美元）	393
总产出贡献（亿美元）	1 199
总就业岗位贡献（个）	939 232

资料来源：CLIA & BREA

总产出贡献，实际上说的是产业链总价值创造，涉及三种形式，除了直接的、衍生的，还包括了间接的。该产业的发展，共计吸纳员工数量达到了939 232个，凭借工作岗位上的收入，这些员工的工资收入共计达到了393亿美元。近30年，该产业发展速度较快，需求强劲，收入进一步增长。无论是欧美市场，还是新兴市场，都有了很大的发展，具体我们可见表3-9。通过这个表我们可以看出，在这个十年内，邮轮产业链的发展情况，吸引游客增幅平均为2%，在2003年的时候，吸纳游客的数量为1 200万人，而到了2013年，这一数量达到了2 130万人。而我们要看到的是，也是在这个阶段，陆路游客增加更为明显，达到了10.87亿人，对于这些陆路游客，联合国世界经济组织也进行了专门的统计，这部分群体中会选择邮轮、水上等旅游方式的,达到了 5%。

表 3 - 9   2003—2013 年全球邮轮产业需求

单位:百万人

地区	2003	2008	2009	2010	2011	2012	2013
北美	8.19	10.31	10.39	10.99	11.39	11.58	11.79
欧洲	2.69	4.51	5.10	5.71	6.09	6.19	6.38
总计	10.92	14.81	15.39	16.71	17.61	17.92	18.30
其他地区	1.11	1.47	2.21	2.37	2.89	3.10	3.14
总计	12.11	16.28	17.61	19.12	20.61	20.89	21.29

资料来源:BREA

表 3 - 10   2013 年全球邮轮产业游客及船员平均花费

单位:美元

种　类	总计	母港游客	靠港游客	船员
住宿花费	1 022	1 022	—	—
母港花费	3 850	3 850	—	—
食物和酒饮	1 589	538	761	289
旅游和当地运输	3 463	481	2 801	191
零售和其他	4 701	872	3 071	750
总计	14 602	6 739	6 598	1 228
单旅游点花费	125.58	315.19	89	57.71

资料来源:BREA

在总体价值创造上,依据 BREA 数据,可以发现其和经济贡献对等,有三方面贡献:直接经济贡献、衍生经济贡献、间接经济贡献。其中的直接经济贡献产生来源主要有三个,其中不但包括邮轮产业、工作人员,还包括了邮轮游客。邮轮游客在上船前后,都会消费,只要在产业链上的消费都要纳入其中;船上工作人员,也具有一定的购买力,买一些零售品;邮轮本身也需要购置一定的物料,其中不但包括食物、酒店供应品、港口设备,还包括啤酒饮料、邮轮燃料等,这些也会产生经济贡献。此外,在其他服务方面上,也贡献了一些价值,除了旅行社代理费、商业服务支出,还包括广告宣传费等。而这里所说的间接经济贡献,实际上指的是衍生于直接经济行为的消费,其中涉及诸多方面,不但包括食品加工原材料、水电,还包括设备服务支出、设备所需原料等。此外,我们还需要看到,运输、财产及保险服务等,也可以纳入这个范畴。这里所说的衍生性经济贡献,具体说的是因为邮轮、船员、消费等方面的需要而产生的岗位,这部分岗位的工资,就属于衍生性经济贡献。

邮轮的运营中,能源成本占比不小。从采购到回收,构成了一个完善的体系,能源的适用都应该作为一个重要的考虑内容。能源的使用会支付一定的经济成本,同时能源问题也会产生诸多的成本,其中最为明显的就是环境和社会成本,当前的气候变化、环境污染、资源过度开采等,都要求我们改进能源管理模式。对于邮轮运营公司来说,其要做的就是实现能源利用最大化,一方面降低成本,另一个方面提高使用效率,这样才能给企业带来更多收益。

随着邮轮旅游的发展,旅游胜地确实可以接待更多的游客,且产生更大的吸引力,让游客慕名而来,进而带动相关产业的发展。但是我们应该从一分为二的角度来看待这个问题,凡事自有利弊,一方面能够促进经济的发展,另一方面也会引发诸多的问题。其中比较典型的就是加勒比地区,在当时,这个地区是邮轮旅游的热门地区,且受到了游客的欢迎,曾一度保持较快的增速。但是大量的游客进入,给这个地区的环境、生态承载力产生了很大的压力,使其面临巨大的压力,海洋污染严重,大陆架、海洋动物等都受到了很大的负面影响,可见过度发展并不是好事。

3.4.3 系统动力学模型

3.4.3.1 模型说明

1)北美

结合 2013 年的数据来看,北美邮轮游客人数不断增加,增长率显示为 3.9%,且仍旧保持较快的增长,保持这个趋势,CLIA 协会邮轮游客数量明显增加,总量达 1 760 万。我们应该看到的是,在 2010 年的时候,这个地区的游客增长率就已经非常高,显示为 18.8%,在这种增长驱使下,邮轮空床利用率明显提高,2011 年,这一比例为 102.2%,而发展到 2013 年,达到了 104.7%。这一年,纽约港上岸的游客数量有所下降,仅有 996 万人次,但是我们要看到,相较于 2010 年,仍然有了 3% 的增长。邮轮产业、乘客、船员这一年的花费也显著增长,增长率保持在 2.4% 左右,涉及金额共计 201 亿美元,相较于 2010 年,有 116% 的增长。在这样的驱使下,该产业峰值达到了 200 亿美元。其中,支付工资、税务以及用来商品和服务消费的所占比例达到了 82%；相较于 2012 年，直接消费占比也有 3.1% 的增加；相较于 2012 年，购买商品和服务也有 3.1% 的提高；和 2012 年相比，支付员工工资及税收也有 3.2% 的提高。游客和船员消费额共计达到 36.3 亿美元，其中主要体现在三个方面，其中不但包括运输、零售品，还包括了食物，占到了消费额的 18%。此外，我们还应看到，2010 年以来，在这方面的消费增长率也较高，大约维持在 6.5% 左右。具体参见表 3-11。

表 3-11　2003—2013 年全球邮轮产业需求

年　份	2010	2011	2012	2013
船上游客统计(百万人次)				
全球游客	14.91	16.40	16.89	17.58
来自美国的游客	9.95	10.37	10.71	10.69
美国上岸游客	9.71	9.88	10.80	9.89
北美邮轮产业消费(10 亿美元)	16.78	17.61	18.31	18.68
邮轮	13.39	14.06	14.58	15.11
商品和服务	11.49	12.09	12.71	13.08
资本购买	1.91	1.89	2.01	2.01
乘客和船员	3.39	3.50	3.71	3.68
工资及税收	1.19	1.31	1.36	1.40
北美总消费	18.12	18.91	19.70	20.09

资料来源：BREA

如上所示，直接消费显示为 201 亿美元，相较于 2012 年，有 2.4% 的提高，相较于 2010 年，有 11.6% 的提高。在这些消费中，有将近 165 亿美元的数额，来源于这个产业，其他的则来源于游客及船员消费。

在其价值创造中，主要包括两个方面，一个方面是直接经济贡献。涉及两个部分，一个部分是邮轮本身的消费，另一个部分是乘客的消费，消费创造的就业岗位达到了 36.3 万个就业机会，相较于 2012 年，有 2% 的提高。邮轮产业价值链创造中，这些岗位员工获得的收入达到了 183 亿美元，相较于 2012 年，有 5% 的提高。2013 年，这个产业依靠自身的发展，创造岗位空缺的数量达到了 14.8 万个，带来的工资收入达到了 66 亿美元。另一方面就是非直接经济贡献。因为这个产业链的发展,显著提升了美国的 GDP,增长额达到了 440 亿美元,相较于 2012 年,有4.3%的增长。在这个产业链的总消费上,也有了明显的增长,在 2012 年的时候,仅仅为1 067 万元,而发展到 2013 年,达到了 1 071 万元。

CLIA 统计显示,国际游客的接待收入,实际上仅仅是邮轮游客的一半。邮轮经济具有诸多方面的特征,其中不但包括集聚性、多元性,还包括了全球性、网络性等。而其这些属性对区域、国家经济发展意义重大。以美国为例,发展这个产业,其经济获益巨大,这不但体现在直接经济效应上,还体现在间接经济效应上。

表 3-12　2008—2013 年北美邮轮产业链价值创造

价值创造	贡献(10 亿美元;人)					
直接经济贡献	2008	2009	2010	2011	2012	2013
邮轮产业直接消费	19.09	17.15	18.01	18.88	19.63	20.10
提供岗位	155 020	134 494	140 359	145 835	146 899	147 898
薪资	6.14	5.48	5.84	6.22	6.43	6.60
总经济贡献						
总经济贡献	40.24	35.11	37.85	40.42	42.16	44.00
提供岗位	357 710	313 998	329 943	347 787	356 137	363 000
薪资	16.18	14.23	15.24	16.50	17.12	18.00

资料来源:BREA

通过上述的分析可知,北美邮轮产业链生成阶段,对其价值创造影响较大的因子是直接经济贡献。所谓直接贡献也就是邮轮产业本身的直接消费,其主要来自三个方面,其中不但包括邮轮制造、港口运营,还包括了邮轮公司。而邮轮制造涉及的关键影响因子有两个,一个就是动力技术的实现,另一个就是文化差异的突破。邮轮公司、港口运营涉及的关键运营因子,具体指的是专业的管理系统。具体可参见图 3-26。

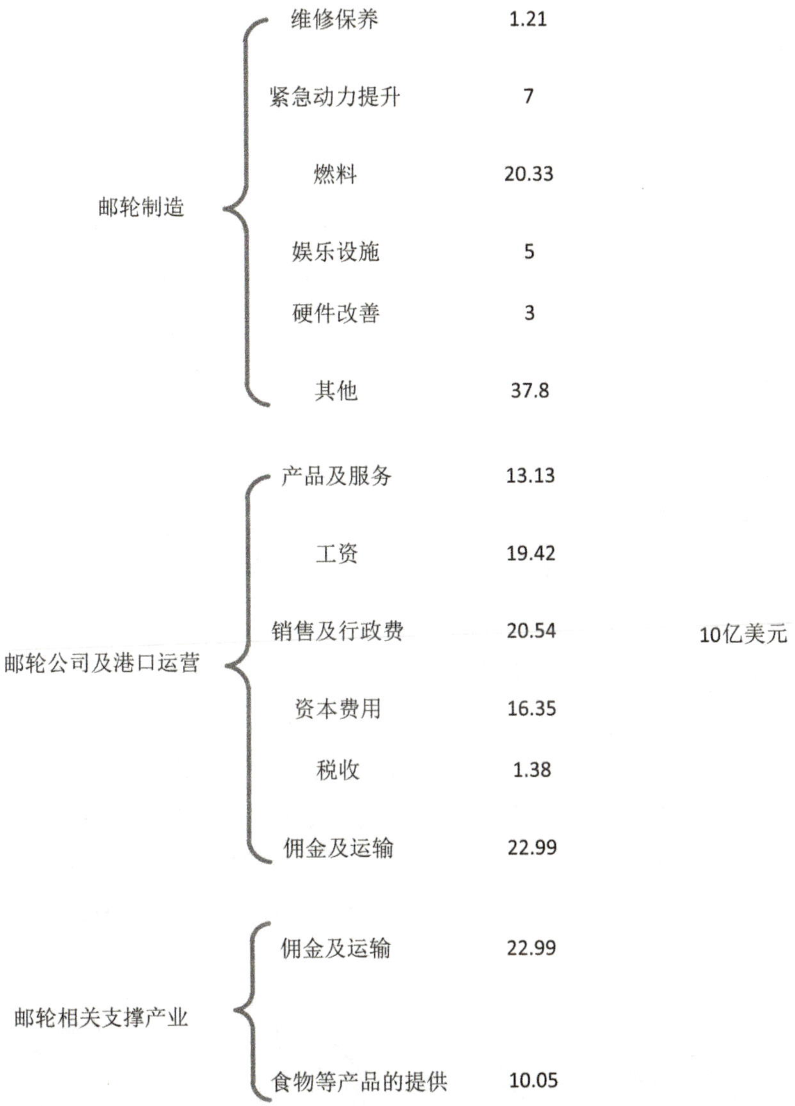

邮轮制造	维修保养	1.21
	紧急动力提升	7
	燃料	20.33
	娱乐设施	5
	硬件改善	3
	其他	37.8
邮轮公司及港口运营	产品及服务	13.13
	工资	19.42
	销售及行政费	20.54
	资本费用	16.35
	税收	1.38
	佣金及运输	22.99
邮轮相关支撑产业	佣金及运输	22.99
	食物等产品的提供	10.05

10亿美元

图 3 - 26　2013 年北美邮轮产业链价值创造主要影响因子

资料来源：CCYIA 统计

　　邮轮旅游漏出效应显著。要论及这个问题，需要追溯到 20 世纪 80 年代，从这个时间节点开始，在北美地区的经济收入中，旅游产业就占到了不小的比例，成为其重要的外汇来源，这个地区的就业率，和其他地区均值相比具有很大的优势。在美国维京群岛地区，在其总就业中，仅仅在旅游产业上面的就业，就占到了一半。

但是,我们需要看到的是,这些地区的旅游配套设施,基本上也是来自于这些国家本身,虽然其产生了很大的旅游收入,但是国家也分摊了不少,真正被留在当地的投资并不是很多。

总的来看,北美地区邮轮公司发展并不占据核心优势,所以其很难左右产业链的发展,往往处于被动的发展地位。当地的邮轮企业在发展的过程中,只得依靠控制旅游航线,借此来对产业链发展产生影响。我们要看到的是,邮轮产业链设计的诸多核心部门,基本上都掌握在公司受众,所以在和加勒比海地区博弈中,占据了比较明显的优势。

在这个阶段的一个重要问题就是促进旅游平衡,积极推进可持续发展。这个地区的旅游形式较为多样,其中不但包括海上邮轮、游艇旅游,还包括了陆地旅游。当时,邮轮旅游的负面新闻出现了一些,影响了产业的发展,在这样的情况下,当时的主要国家组织了委员会,针对各个旅游形式的平衡加以解决,并提出了其他方面的问题,其中不但包括分类垃圾处理、淡水资源管理,还包括了提高能源利用率等。

2)中国

我们要看到,邮轮产业系统本身是开放性的,涉及诸多的维度,所以当前形成的邮轮—港口双驱动模式,实际上是在诸多限制因素的影响下形成的。其组织过程、模式受到诸多因素的影响,其中不但包括城市经济发展水平、区位因素、城市基础设施,还包括了政府政策导向、旅游客源市场、人文环境等。总的来看,在外在影响因素推动下,那些对该产业内部发展有影响的因素,实际上就是邮轮产业模式的内部影响因素。实际上,这个模式的发展,受到内外双重力量的影响,具体参见图3-27。

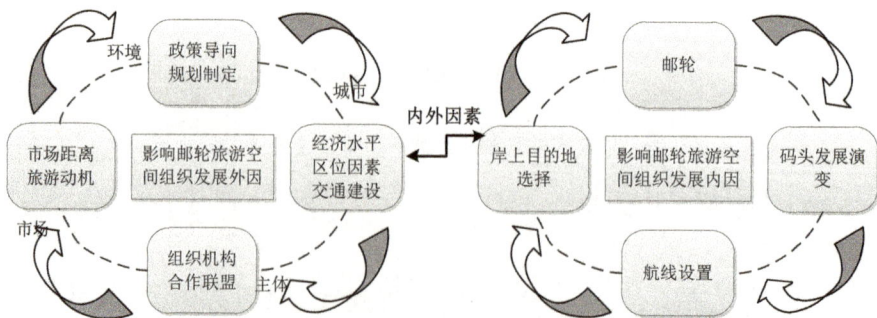

图3-27 影响邮轮旅游空间组织病变的主要因素

外部影响因素涉及诸多方面,其中不但包括涉及主体、宏观环境,还包括了市场需求、所在城市等。城市经济水平的持续发展,会使其经济辐射能力持续增强,进而产生更大的经济吸引力,刺激生产和流通网络。其中的区位因素表现具有较强的稳定性,主要说的是城市空间关系。其中的交通建设主要说的是各个交通系统的衔接程度,其中不但包括内部航空、公共交通,还包括了铁路。交通发达,对游客集散可以起到更好的作用,在一定程度上提高港口城市的可进入性。在产业发展中,也离不开辅助及推动作用政策,以及政府在这方面的系统规划。至于组织机构、合作联盟,是基于涉及主体角度进行的研究、合作、联合,能够更好地利用资源,弥补政策及制度不足。此外,保持适当的市场距离,或是刺激游客的旅游动机,对旅游的发展也将产生很大的积极作用。

（1）驱动机制研究原理。

总的来看,邮轮产业驱动机制,会对产业系统构成要素产生作用,并进一步促进动力转化,转化的动力将成为调整系统内外部的推动力,并刺激邮轮旅游的全面、系统发展,使其真正实现最佳秩序,建立一个系统、良性的循环。具体可见图3-28。我们应该看到,邮轮产业结构各要素,实际上并非处于独立运作状态的,而是处于一种共同作用,且保持动态变化。所以,在这里,笔者选取邮轮产业要素、模式作为分析对象,产业演变内外因素进行探讨,基于此,从宏微观的角度着眼,凝练出驱动邮轮旅游动力机制,希望对邮轮产业未来的发展有所帮助。

在社会科学中,宏观层面一般来说,是那些大的、系统的、整体的方面;而微观层面,是那些小的、局部的、部分的方面。实际上,两者不但相互影响,而且有密切的联系。其最大的不同之处在于选取的视角不同,只有充分把握、均衡这两个方面,才能进行更为全面的分析。笔者从宏微观的角度着眼,凝练出驱动邮轮旅游动力机制,并对其驱动因子进行了探讨,以期更好地发挥驱动力对产业的作用。

（2）微观层面的驱动机制。

①邮轮驱动。相较于其他旅游形式,邮轮旅游最大的特点就是其是以旅游目的地而存在的,这是区分它和其他旅游的重要的标志。在实际的开发中,邮轮这个载体和目的地,也是开发的重要节点。在邮轮—港口双驱动模式中,我们往往将邮轮载体当作核心节点,通过这个节点,只需要和陆上节点对接,就可以建立简单的邮轮产业。邮轮旅游不断发展,这个载体的功能和作用将不断被开发出来,节点的影响范围会进一步提升。邮轮为了拓展自身的业务,会和诸多的陆上节点建立联系,并且建立诸多的组织,主观、科学进行航线通道的筛选,并且将其作为目的地开

动力源

外在影响因素 ⬌ 内在影响因素

动力1　　动力2　　动力3　　动力4

作用

空间组织模式

动力转化

空间组织系统调整　→　最佳秩序

动力传递

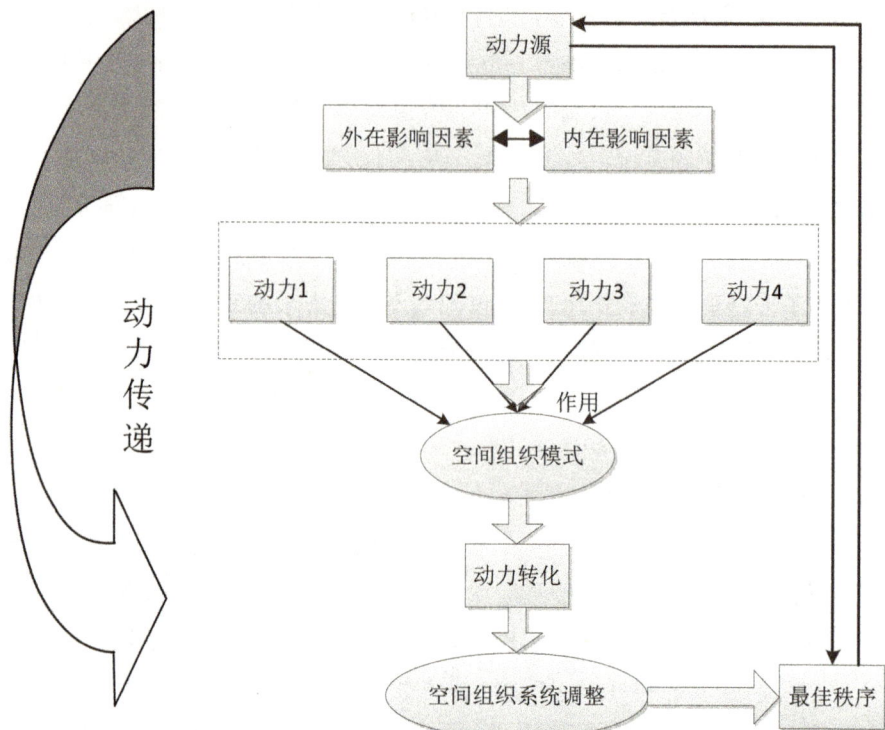

图3-28　邮轮旅游空间组织驱动机制研究原理

发、客流运行通道的延伸。总的来看,邮轮这个载体的核心节点作用是十分显著的,邮轮产业是无法脱离邮轮而存在的。要更好地把握这个核心驱动力,我们就要对其驱动因子予以明确。

我们应该看到的是,邮轮是海上交通工具,其本身对游客会产生较大的吸引力,而且是一个移动旅游目的地。所以其涉及诸多的驱动因子,其中不但包括内部功能结构、发展趋势,还包括了规模等级、空间部署。

随着邮轮旅游的发展,邮轮体现出诸多的发展趋势,其中不但包括巨型化、服务个性化、定制化,还包括了功能多样化、邮轮主题化。在保持这些发展趋势的同时,邮轮的舒适性、豪华性也进一步突显出来。从当前的情况来看,很多新的邮轮,成本都比较高,不但拥有先进的导航设备、豪华的配套设施,还有强大的推动力、完善的旅游服务,吸引了大量的旅游爱好者。

邮轮空间的部署,在一定程度上也会对邮轮旅游空间组织产生影响。总的来看,邮轮部署策略、行程设计,往往会受到市场环境等因素的影响,其中不但包括季节性需求、邮轮和岸上时间平衡性、是否存在必看目的地,还包括了邮轮度假最佳时间、客人整体满意度等。考虑到气候、洋流等因素,很多邮轮旅游航线受到季节的限制比较明显,只有在特定的季节才能航行。为了提高邮轮床位的出租率,经营公司大多会采取季节性调配策略,根据具体的情况,对始发母港、邮轮航线等加以调整、优化。

由于邮轮业的季节性,所以在实际的航线行程再次定位是十分必要的。利用这个机会,邮轮公司可能会找到降低成本的办法,为客户提供更为"公道"的邮轮服务。具体来说,在 2011 年,因为北半球正处于冬季,为了盘活自身的邮轮,皇家加勒比对自身的邮轮进行了新的空间定位和部署,其中在加勒比地区、地中海、南美洲、澳大利亚的邮轮数量分别为 23 艘、3 艘、9 艘、4 艘,剩余的则放在了规模小的市场,由此,我们可以看出重新定位邮轮空间位置的重要性(Tercek,2011)。

通过上述分析可知,随着邮轮旅游的发展,诸多内部驱动因子共同作用,进一步促进了邮轮构成要素的调整和变动,对该产业的秩序重组发挥了重要的作用。

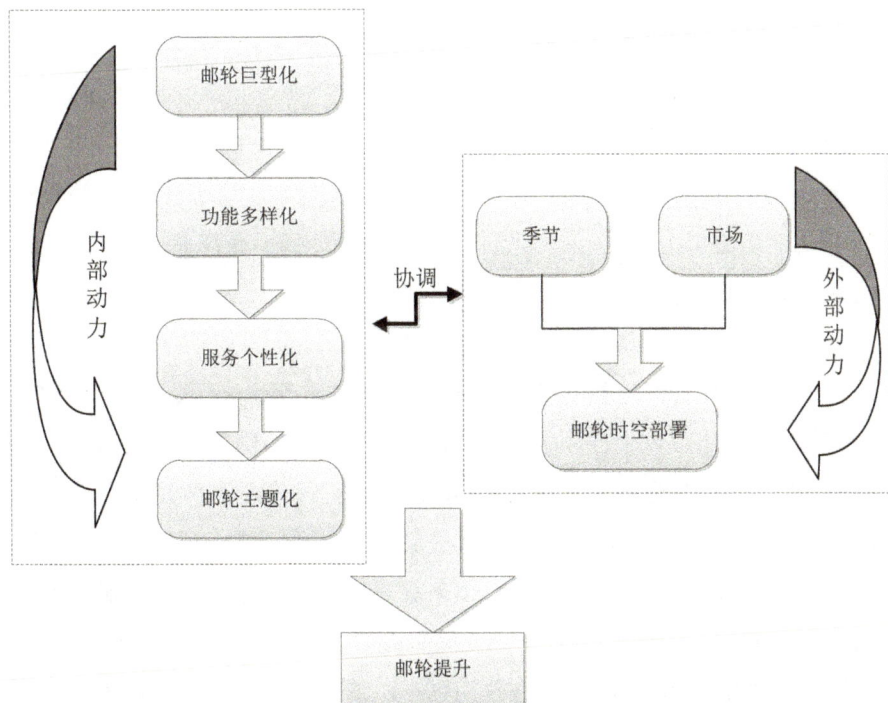

图 3 - 29　邮轮内外部影响因子驱动机制

②母港码头驱动。从微观的角度来看,母港码头实际上发挥着空间通道的作

用,且以点状形式呈现出来,主要的作用就是集散客流。邮轮旅游的发展,对码头空间的需求将不断扩大,这将刺激码头的成长。随着其成长,母港的通道功能将日益丰富,在最初的时候,其只能算是基本的集散客流通道,而随着发展,其将成为景观通道、物流通道等。总的来看,无论是停口码头、母港码头,在整个产业演化和发展中都起到了重要的作用。母港码头空间,以往主要以内聚型存在,而随着发展,将逐渐转变为向外拓型发展。这两种模式主要的区别就在于其对整体空间的重点有所差异,存在较强的抽象性,在实际的空间发展中,很难将某地确定为哪一种模式,一般来说都以混合的形式存在。

在分析成熟邮轮码头的基础上,笔者还对集装箱港口的发展进行了整理,归纳了邮轮码头发展的五个阶段,具体可以参见下图 3-30:第一阶段,凭借自身的自然条件,逐渐开发成为邮轮码头,但是并没有辐射到周边地区。在这种情况下,需要做的就是从外界吸引各种实体,进一步推进码头硬件、软件建设,使其集散功能得到更好地发挥,内聚作用发挥到最大,进而进入第二阶段。在第三阶段,通过前期的建设和发展,邮轮码头本身具有了一定的规模、知名度,所以其开始辐射到周边地区,和外部的交流不断加强,建立了和腹地的联系,产生了较大的空间影响。在最初的时候,码头只能算是基本的集散客流通道,而随着发展,其将成为景观通道、物流通道等,更多的功能被挖掘出来,开始进入第四阶段。在不断的内外交流中,码头和腹地的交流更为广泛、密切,空间作用进一步明显,最终将实现各种能量的网络化覆盖,进而就会进入第五阶段。在这个阶段,陆地上的旅游目的地、码头的功能将进一步挖掘出来,邮轮旅游城将逐步建立起来。

在空间演化中,我们不得不提到核心—边缘结构理论,其发挥的作用不可小觑。该理论,最早是在 20 世纪六七十年代提出的,其最初研究的是发达、欠发达国家不平衡经济关系,在后来的发展中,逐渐被引入空间关系明确领域。一般来说,这里的核心仅仅以极点的方式存在,而其边缘则是外围区域,至于在这个区域中最高级增长极,实际上形成了区域核。具体来看,核心处于统治地位,依托这个中心,边缘逐渐发展起来,如图 3-31 所示。我们需要看到,母港码头实际上就是"核心",在邮轮发展的各个阶段,其所起作用也有所差异。初期扮演一种角色,作为起始节点,承担少量邮轮的集散等功能,随着发展逐渐成为综合性邮轮母港,节点要素在这时才逐渐上升为增长极,带动周边腹地、城市发展。

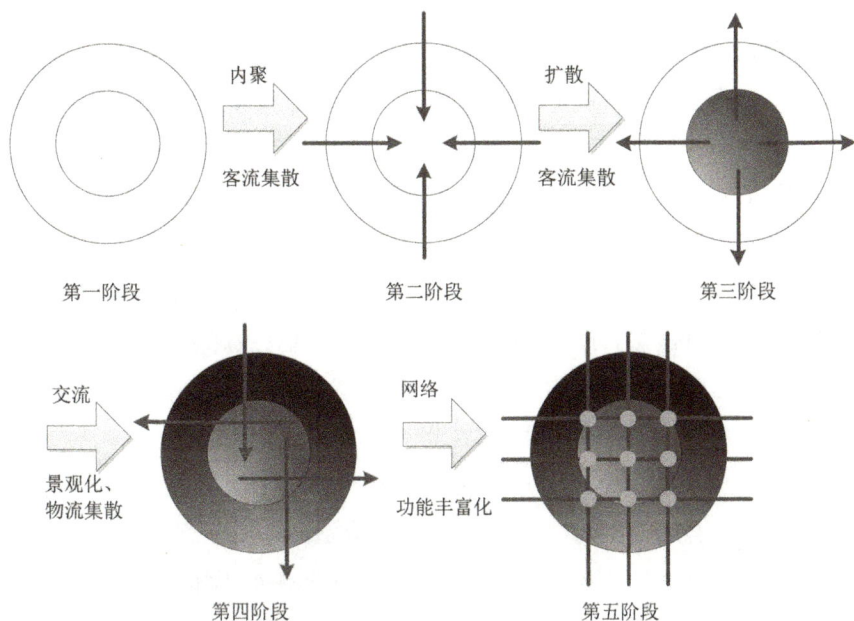

图 3 - 30　邮轮码头空间扩散机制

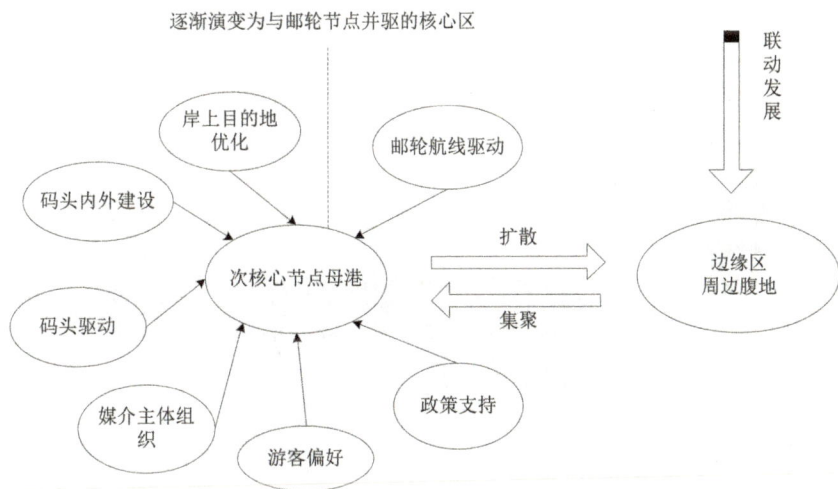

图 3 - 31　母港码头空间组织演变驱动机制

　　之所以在这里强调母港,是因为很多码头,因为其功能单一,往往以小码头形式存在,空间演化比较简单。

③岸上旅游目的地驱动。给游客带来新鲜感,是邮轮旅游的重要特点。邮轮的豪华、舒适,仅仅是其一个外在的体现,其行程也是不容忽视的因素。邮轮本身是不断发展的,作为旅游目的地,很多游客对其变化已然没有太大的惊喜。在这种情况下,邮轮公司开始从陆地旅游起点着手,以期将邮轮旅游、陆地旅游结合在一起,为游客创造更多的精细。而要实现这个目的,陆地旅游目的地必须具备一定的规模、特色以及完善的配套。

依据为邮轮游客提供的功能,可以将岸上旅游目的地分为诸多的空间形态,其中不但包括旅游景区、旅游线路,还包括了游憩中心地、主题公园等。对于岸上景观来说,这些就是吸引力提升因子。同时,我们还应该看到,区位条件也将对邮轮经济产生影响,上文已经论述过原因,在此不作赘述。

邮轮旅游业销售的是航线,为此,必须要保证港口的灵活性,若是不考虑到上述影响因子,进行合理的空间组织,将很难选择合适的港口停靠。各个岸上旅游目的地,应该结合自身的区位条件,根据影响因子进行调整、优化,突出自身的优势,以促进自身的发展。总的来说,要将动力因子优化组合,发挥其对旅游目的地空间要素的改善、优化作用,提升其品质,促进其健康发展,具体可参见图 3-32。

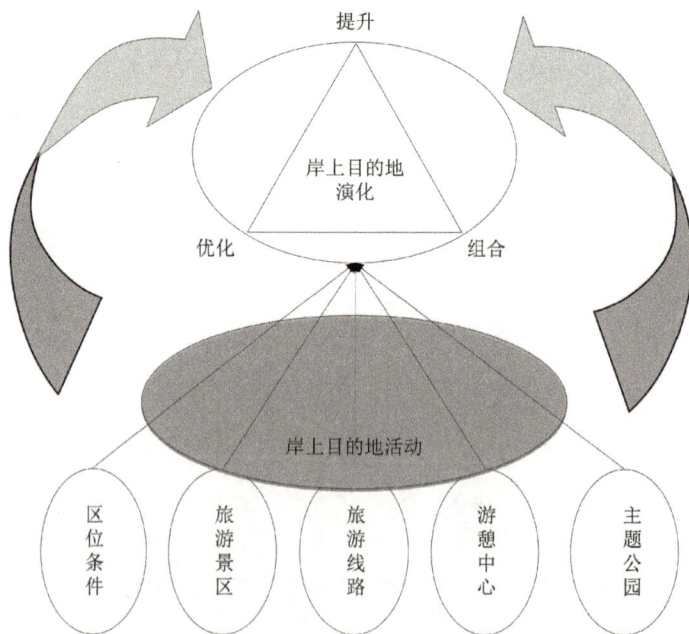

图 3-32　岸上旅游目的地发展驱动因子及过程

④邮轮航线驱动。基于宏观角度来看,邮轮航线以空间通道的形式体现出来,呈线状,其主要的作用是客流空间转换。航线串连邮轮、岸上旅游目的地,行程中的风景也可以供游客观赏,属于产品。根据其空间及功能属性,在具体设计、产品组合中,空间组织会受到影响。

在兴起之时,航线基本上都是固定的,其中最为典型的就是运营一周左右的北美航线。后来邮轮旅游逐渐发展起来,考虑到成本、季节、需求等因素,越来越多的航线出现。

CLIA 调查了航线时间,并公布了时间变化表,通过这个表(见表 3 - 13),我们可以对邮轮航线趋势有一定的了解。通过下表可知,在这 30 年的跨度内,2~5 天的航线变化量是比较大的,达到了 6.4%,而周期在 6~8 天的航线,变化量不是很大,但是其占比最大。周期在 2~8 天的中短程航线,拥有最大的市场占有率,在未来的发展中将成为趋势。

表 3 - 13　1980 年与 2010 年航程时间变化表

航程时间	所占比例(%)		变化量(%)
	1980	2010	
2~5 天	24.3	30.7	6.4
6~8 天	59.1	51.2	−7.9
9~17 天	15.4	17.3	1.9
18 天以上	1.2	0.8	−0.4
总计	100	100	

资料来源:根据国际邮轮协会(www.crusing.org)2010 年邮轮旅客运载报告数据整理

其次,航线设计时,需考虑诸多情况,其中不但包括燃料成本、环境污染,还包括政策走向等。目前,各邮轮公司设计航线,一般会严格控制燃料、港口成本,进一步促进岸上旅游创收,实现利益最大化。

综合考虑好影响因素,就要推出产品,而这也涉及诸多的驱动因素,其中不但航线时间确定、邮轮行进速度设定,还包括停靠港口设定、停靠港口顺序。在产业变动优化中,这些驱动因素起到了重要作用。

通过上面的论述可知,邮轮产业作用机理,无论是设计过程,还是产品组合过程,都是驱动因素,对空间组织都会产生影响。具体可见图3-33。

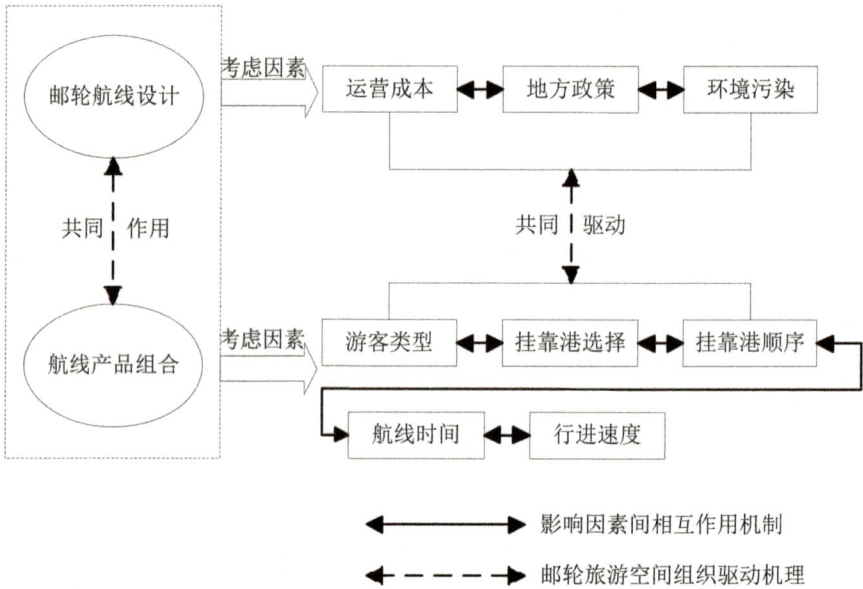

图 3-33 邮轮旅游航线要素在空间组织演变中的驱动机制

⑤媒介要素驱动。这里所说的邮轮产业媒介驱动,实际上就是将载体、通道、系统关联在一起,并建立连接的背后主体的作用,以及在这个过程中表现出来的对内部发展有所影响的驱动因子。媒介对产业过程没有直接的作用,其要影响空间组织过程,会通过其他的方式,诸如影响决策、港口等要素。邮轮航线设计,实际上就是媒介行为主体共同作用的产物。从这个角度来看,在研究该驱动机制的时候,要结合媒介系统各个主体的作用。

⑥邮轮公司驱动。在运作模式上,邮轮旅游国际化水平比较高。在部署生产要素、挖掘资源的过程中,其发展也存在诸多内部驱动因子的作用,在这种作用下,产业秩序不断完善。我们应该看到,邮轮公司本身受到季节性的影响不是很大,对于其来说,三个方面的选择非常重要,其中不但包括经营模式、目标客户,还包括了发展方向。而其中的经营模式、发展方式,在很大程度上取决于目标客户定位,诸如若是定位高端邮轮市场,则应该改善自身的服务,以高品质的服务来提高客户满意度与客户忠诚度。目标客户选择,对空间部署、经营模式,有明显的影响。

从当前的情况来看,该行业垄断明显,大型邮轮公司所占份额超过了全球的八成,其中涉及很多模式,其中不但包括扩大船队、中长线经营,还包括了合作兼并、价格渗透等。模式不同,对应的发展方向也有所区别,所以产生了不同的品牌定位、理念,而这些又对目标客户选择、经营模式产生影响,从而推动空间组织重组、优化。

⑦旅行社驱动。首先,在企业、市场之间,旅行社起到了串连、沟通作用。在旅行社的作用下,邮轮公司拓展了客源,而消费者有了更多的选择。旅行社对市场更为敏感,能够及时向邮轮旅游公司反馈信息,促进其产品更新、品牌树立,在这个过程中,其地位也不断稳固。

其次,代理销售。旅行社本身充当代理作用,邮轮公司十分看重这个专业的中介公司的销售作用。目前,邮轮公司大多会引入这种销售形式,而自主销售只是作为辅助。其只需要付给旅行社 10% 的代理费,就可以节省在这方面需要承担的营销成本、人力成本,使自身的产品销售率提升。基于代理的视角来看,旅行社发展涉及诸多的驱动因子,其中不但包括采购模式、销售模式,还包括了合作模式、代理模式等。

⑧邮轮港口经营公司驱动。在政府的引导之下,公司主要负责港口建设,运营。最早的时候,负责码头升级改造,对服务、功能进行完善、扩展,负责和其他单位的协调,诸如岸检单位、邮轮公司、交通部门等。要发挥其作用,也应该确定其驱动因子,具体涉及诸多方面,其中不但包括港口运营、单位协调,还包括了港口管理等。只有发挥其媒介作用,才能配合其他主体,协同、促进邮轮旅游的深入发展。

通过上述分析,各个媒介都有自身的驱动作用,且在产业发展过程中发挥了重要作用,各个要素之间是相互联系,是在行业大背景下开展的。具体来说,我们可以通过图 3-34,了解各个媒介之间的关系。

(3) 宏观层面的驱动机制。

①邮轮旅游相关决策驱动。总的来看,邮轮旅游决策因子涉及诸多方面,其中不但包括旅游规划、政策制定,还包括了领导决策等。这些驱动因子起到了推动作用。我们可以将这种推动作用分为两个方面,一个方面是主观决策推动,另一个方面是制度决策推动。为了确保邮轮旅游和社会各个层面的和谐发展,就要建立科学的决策体系,加强管理,建立完善的管理系统,如此,才能让邮轮旅游不断进步和发展。政策法规的作用也不可或缺,其强调的是决策、规划的推动作用。

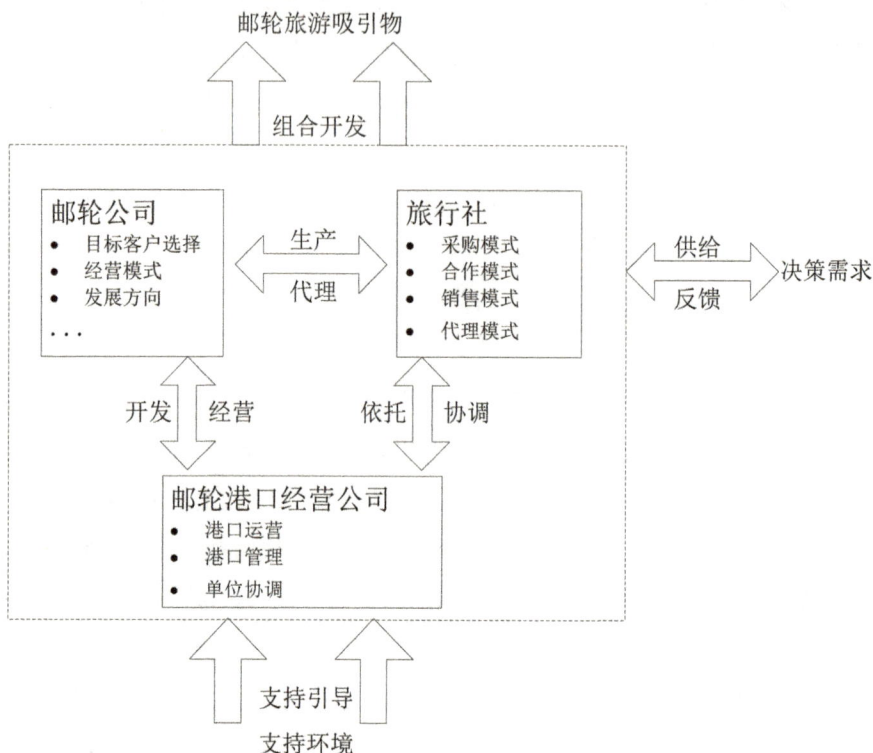

图 3 - 34　媒介要素在邮轮旅游空间组织演变中驱动机制

其一,主观决策推动,在这里主要说的是政府的支持作用,具体包括两个方面,一个方面是领导决策的支持作用,另一个方面是领导、部门重视的支持作用。其二,客观决策推动,该产业仍旧可以算作新兴产业,在充分把握港口城市情况、供需结构的情况下,制定适于该产业发展的规划、政策,明确发展目标、战略,进行科学的布局,并确定优先级,也可以发挥推动作用。其中的邮轮旅游规划、政策过程,能够起到宣传造势的作用,可以从政府层面、民众层面,加强学习和认识,为邮轮旅游发展创造条件。

②邮轮旅游者需求驱动。提及这个驱动,我们就要引入传统旅游系统理论。所谓的需求系统,实际上涉及两个必要因素,一个是游客的产生动机,另一个就是文化背景。需求因素,在整个系统中,起到的推动作用是十分明显的,我们可以将其看作旅游者的产生系统。这种需求动力源于需求群体,而这个群体具有诸多方面的特征,其中不但包括多功能性、多类型性,还包括了多层次性。总的来看,游客

对邮轮旅游的需求,是这个行业发展的原动力,之所以会产生这种需求,原因有很多,其中不但包括个人偏好、闲暇时间,还包括了旅游动机、经济能力等。

首先,旅游客观条件的驱动。生活水平提高,又有了更多可支配收入,人们对享受娱乐性消费更为关注。中国社会科学院研究所进行了相关的调查,结果显示:2012 年,我国城镇、农村地区恩格尔系数达到了 37.1%、40.8%。通过这组数据,我们可以看出,我国的消费结构正在发生改变,发展享乐型消费正在逐步发展起来。此外,我国的长假、黄金周、带薪假期等,给了人们更多的闲暇时间,也使其能够选择更好的娱乐休闲活动,这也为邮轮旅游的发展创造了条件。

其次,旅游主观条件的驱动。在 2012 年的时候,由中国旅游研究院主导的,联合携程网开展的一项研究报告公布,即《中国休闲旅游客户需求趋势研究报告》。在该报告中指出,在我国的休闲旅游新业态中,邮轮旅游也是其中之一,且以家庭出游为主,从年龄来看,平均年龄约 39 岁,显著低于国际市场平均年龄。主观条件涉及诸多驱动因子,其中不但包括个人背景、出游动机,还包括消费观念等。一旦受到了外部条件的刺激,很容易受到刺激和调动。

朱文婷(2010)在其研究中指出,游客对邮轮旅游的需求,虽然可以促进其产品丰富和要素优化配置,但是由于其只能选择既定的产品,所以也存在相互排斥与对接过程。总的来看,这种相互作用,会进一步配置、优化产业要素。具体可见图 3 - 35。

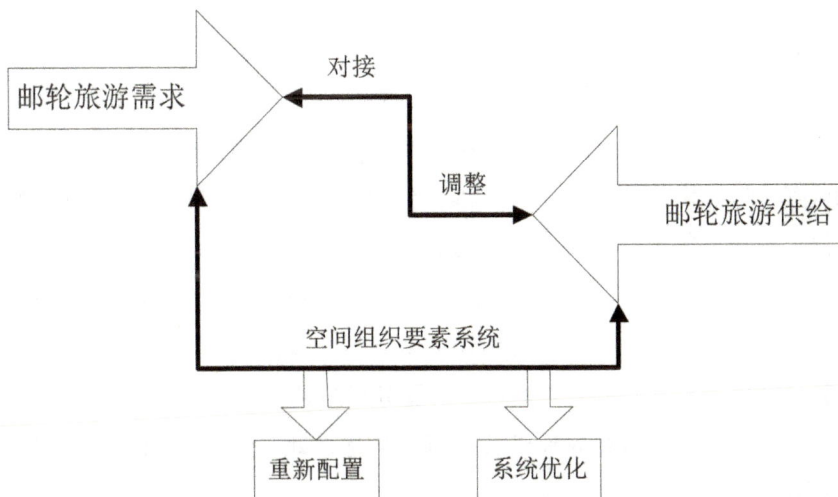

图 3 - 35　邮轮旅游需求与供给相互作用过程

总的来看,通过决策、需求推理剖析可知,邮轮旅游决策需求作用机理,具体可参见图 3-36。为了实现决策、需求的推动作用,引入了诸多的过程,其中不但包括增强、扶持、促进,还包括了推动、指导等。

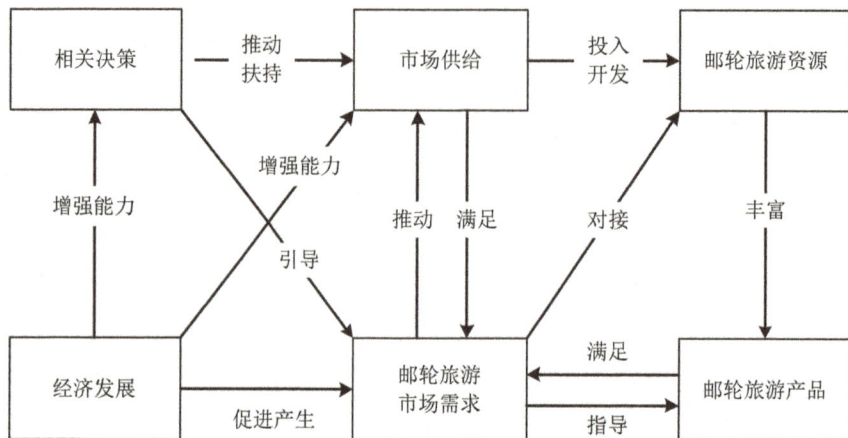

图 3-36　邮轮旅游空间组织中决策需求作业机理过程

(4)支持环境驱动机制分析。

我们应该看到,该产业的支持环境,实际上就是发展大环境,具体涉及两个方面,一个就是硬环境,另一个就是软环境,这两个方面对该产业的可持续发展意义重大。前者所说的主要是物质保障的环境设置,其中不但涉及基础设施、交通条件,还涉及了服务设施等。后者主要包括三个方面,其中不但包括经济、文化环境,还包括了政治环境。总的来看,其同媒介要素一样,也不会对邮轮旅游发展产生直接影响,其一般是影响其他要素,实现影响邮轮旅游发展的目的,至于其影响的因素,不但包括需求决策、媒介驱动,还包括了港口建设等。

①物质环境驱动。具体来说,物质环境指的是港口、城市、腹地等基础设施、交通条件等。为了更好地接待游客,港口在对其基础设施、服务设施加以完善,诸如停车场、休憩场所等。我们可以通过旅游服务设施、配套水平,看出邮轮旅游实力、规模。交通条件,影响市场规模以及客流的集散。此外,在设计航线的时候,也需要考虑到如上两点。

②经济环境驱动。在邮轮旅游的驱动条件中,经济水平也至关重要。相关研究显示,若是人均 GDP 显著增加,处于六千至八千美元这个区间的时候,将会促进

邮轮产业的发展,使其处于一个高速发展期。而且邮轮旅游消费本身要更强,能够更好地带动城市经济发展,从而得到其更多的反哺。此外,我们还应该看到,经济发展水平还关系到基础设施和服务设施建设、城市建设、城市选择等方面的内容。

③政治环境驱动。其所起的驱动作用体现在诸多方面,其中不但包括政策引导、宣传促销,还包括了法律规范等。我们应该看到,邮轮旅游发展和政府的管理、扶持有很大的关系,政府出台的政策、制度会对该产业的发展产生直接影响。若是制定了有利的产业政策、基建项目规划等,将会发挥积极作用。此外,政府还可以调动社会大众的力量,调集社会资源,只有得到政府的支持,才能获得更好地发展。此外,政府通过制定行业标准、规范、监管要求,可以创设支持保障环境,引导行业协会的成立,加强宣传,组织相关活动,建立各部门的协调机制,都可以为其创造更好的发展环境。

④文化环境驱动。文化环境驱动也是必不可少的,具体体现在两个方面:其一,可以帮助港口城市建立良好的人文环境。有了良好的人文环境,居民素质、风俗的魅力、旅游服务人员的服务水平都将得到提升,从而提高旅游目的地的吸引力。其二,有利于培养高素质人才。邮轮文化的渗透,科学文化环境的创设,有利于高素质人才及复合人才的培养。这对邮轮的制造、运营、管理、港口服务、城市发展、配套产业发展等将产生巨大的促进作用。

总的来看,支持环境涉及如上四个驱动环境,具体的作用机理,可以参见图 3 - 37。

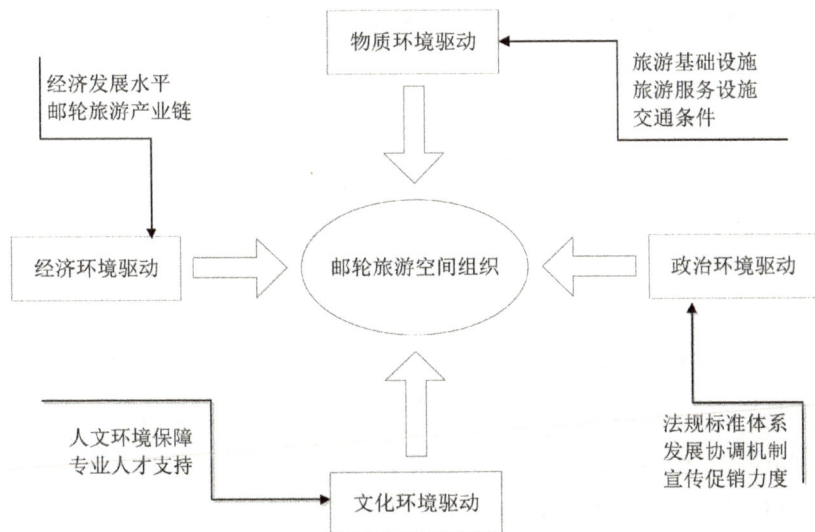

图 3 - 37　邮轮空间组织支持系统作用机理

通过上述分析可知,在对邮轮产业系统构成分析、内外驱动机制研究的基础上,笔者选取了宏微观的角度,对产业驱动机制进行了凝练,并且明确了相应的驱动因子,对其进行了深入探讨。通过图3-38,我们可以看出,邮轮、岸上目的地、码头及航线,体现出较为明显的吸引物属性,所以在其驱动下,能够产生更大的引动力。至于其中的邮轮公司、旅行社、邮轮港口经营公司,本身属于媒介,其并不会直接发挥作用,但是却具有很强的传动作用。其中的物质环境、经济环境、政治环境及文化环境属于大环境的范畴,在其驱动下,可以对产业的发展起到很强的推动作用。至于相关的需求驱动机制,诸如居民收入、个人偏好等,可以有效地改善消费结构,起到明显的拉动作用。

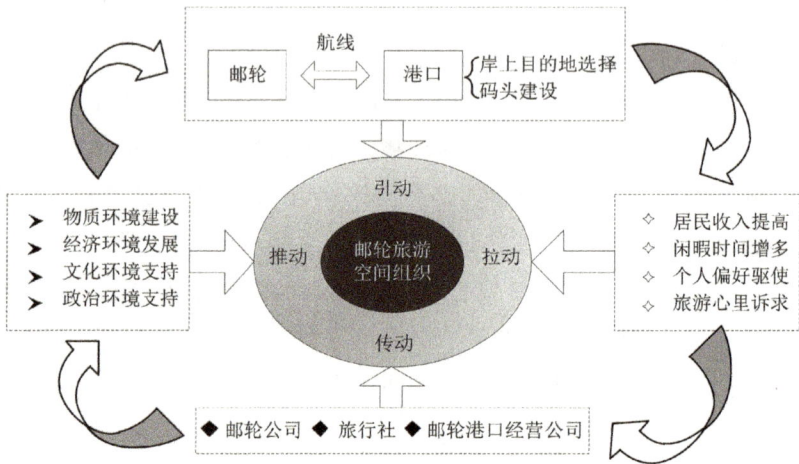

图3-38　邮轮空间组织演变驱动机制总图

3.4　本章小结

在本章中,先是介绍了该产业的成长周期、特征、演化、成长等方面的内容,基于此,结合其不同的发展时期,选取了成长动力学角度,开展了分析。在对该产业成长周期、路径剖析的前提下,提出了不同的驱动因素,并对其相互作用机制做了深入地探讨,在这个过程中得出,这些驱动作用是可以完善、提升的。在这里,驱动机制中不但有宏观机制还有微观机制发挥其作用,不但可以有序地实现其功能增强、秩序合理的目的,还可以进一步优化其结构。

第 4 章

文化创意要素对邮轮产业成长动力影响的实证分析

本章主要进行的是实证研究,其中的调查问卷以我国邮轮产业为中心,围绕行业的兴起、发展以及产业结构升级三个方面展开。在实证研究的过程中,主要通过对相关的指标体系建立,以及结构方程式模型的构建两方面进行。文中首先介绍了如何选取实证的样本,然后介绍了怎样来选择数据的来源,最后对整个过程及结果进行分析,并形成最终结论。

4.1　文化创意视角下邮轮产业成长动力的概念模型与研究设计

4.1.1　文化创意视角下邮轮产业成长动力的概念模型的构建

在企业的成长历程中,机制的研究对象是指能够对企业的发展起到推动作用的因素或者机理,以及对相关的机理起到维持作用的经济关系或者系统。各个学派在研究企业的成长动力机制时,当采取不同的研究视角,分别给出的解释也会有差别,而企业在其成长过程具有多样性的特点,并且在不同的发展阶段中表现出复杂多变的动力机制,因此就使得研究视角变得有所差别。

根据资源基础论的观点,企业的资源约束条件直接决定着它的成长速度,也决定着企业的成长界限。企业发展的主要目的是实现企业规模的优化配置,其成长的基本动机是还未被充分开发和利用的资源。目前围绕企业的成长动机而展开的理论研究已经越来越多,下面进行综合阐述:Wernerfield 与 Barey 在自己的研究中表示,在企业的内部,各种资源所集合的特质,在一定程度上可以推动企业逐渐朝着预想方向成长,并不断创新,积累更多的成长经验,也可以让资源的增值变得越来越大。

Grant(1991)也在自己的研究中指出,一个企业对知识的掌握程度,可以大大提升其对资源的配置与开发能力;另外,一个企业要想成长得比较快,比较稳,那就有必要加强企业内部资源的专业化程度,同时也要对它的投资活动进行专门设定,假如资源与投资无法进行良好匹配,那企业也就很难获取新的成长机会。Collis 与 Montgomery 的观点如下,假如一个企业的资源优于别的企业,那它就会比其他竞争对手成长得更快。而根据能力基础理论的观点,企业要想成长迅速,那就必须具备别人不可模仿的核心竞争力,并且不断对它的复杂性与排他性方面进行强化。Palahald 与 Hamel 等人认为,企业要想实现可持续发展,其发展的源泉是核心竞争力,如此便能快速推动企业发展。在 Teece 等人看来,企业的成长因素中,比较重要的一个是企业的动态适应能力。而中国的邢建国在研究中指出,创新与核心竞争力是两个重要的推动企业成长的因素,是维持企业快速成长的根本性保障,也可以促进企业不断去实现自我超越。有些环境论的支持者提出了企业成长也会与一些外界因素有关,比方说,社会文化、企业的区域位置、企业所处的政策环境以及市场上面临的风险等。根据巴纳德的观点,企业面对不同的环境条件,其组织行为将会不一样,利用组织协作的观念,一个组织是否存在,其很大程度上都是由协作系统的平衡决定的。而本尼斯在自己的论著中也提出了,企业有必要去研究其所处外部环境,系统地分析它能为企业创造何种机会,尤其是那些复杂环境,它的增长速度也是极快的,否则,企业的目标也就难以实现。另外,在卡斯特等人看来,对企业的组织与管理方面的研究,可以充分利用权变或者系统的思想,所谓的组织,就是在周边环境的影响下形成的一个具有一定开放性的系统。支持社会网络学派的人们有这样的论调,就是在企业的成长过程中,外部网络是其中的重要一员,不仅能够帮助企业对外部资源进行充分的组织与调动,也能帮助企业去挖掘更多的市场机会;而支持自组织理论的人指出,一个企业的成长历程,不仅需要内部因素的推动,也需要外部环境因素的推动,将资源进行充分的整合,企业才能实现较快成长。

对于政策是如何影响到企业的成长,目前也有很多的研究成果,下面进行大致的总结。Natalia Utrero Gonzalez 主要研究的是企业成长中的经济管制因素,最后发现,企业的成长在一定程度上会受到金融水平与经济增长的影响,且与企业成长之间呈现的是正向相关性,法制环境的高效,可以大大促进企业的成长。而根据 Thorsten 的说法,它主要是针对法律、融资还有腐败这几个因素来分析企业的成长会受到何种作用,在研究分析过程中,企业调查的数据来自于五十四个国家,最后得到的结论是,对于发展中国家而言,其法律以及融资政策方面会起到更大的作用。Honjo Y 在自己的研究过程中通过验证的方式指出,企业成长会严重受到公共政策的影响,具体作用是正向的。而 Chong A 等人主要的研究对象是跨国企业,明确指出了国家的体制问题会大大阻碍它们的成长。

关于企业成长的动力可以使用何种模型来进行说明,也形成了许多的研究成果,下面大致进行介绍。万良杰引进了混沌模型,与企业的成长相结合,建立了一种非线性的企业成长混沌模型。而杨淑娥采用一种较为复杂的理论系统,对企业的成长激励进行了分析,然后在此基础上建立起了一个具有良好适应能力的企业成长模型,并证明了其模型的合理性。另外,许晓明充分利用了系统动力学原理,相应搭建出了一个企业成长动力系统,从中进行分析可以得知,适当安排企业的各种制度,是可以让企业的所有因素都能发挥出自己的活力与优势,促进企业的成长。另外,张玉明在研究中充分利用了系统动力学方面的理论方法,针对中小型企业,相应搭建起了一个企业成长机制模型,最后证明其效果也是显著的。在邱国栋等人的研究中,他们利用了一种基模原理,考虑到了企业的成长上限与动态能力,从而建立起了一个企业的系统动力机制模型,最后也证明了该模型的有效性。

利用上述的模型,将其应用到具体的邮轮产业,来具体分析企业在成长过程中会受到哪些因素的影响,于是就建立起了一个概念模型,用以分析邮轮产业的成长过程(见图4-1)。在该模型中,总共涵盖了七大影响因子,它们分别是专业人才、资金来源、市场需求、组织效率、支持政策、成长绩效以及创新能力。其中除了成长绩效以外,其余的六个因子都是一些前提变量,也就是自变量,而成长绩效是属于结果变量,它是在前面的所有自变量综合作用下形成的。

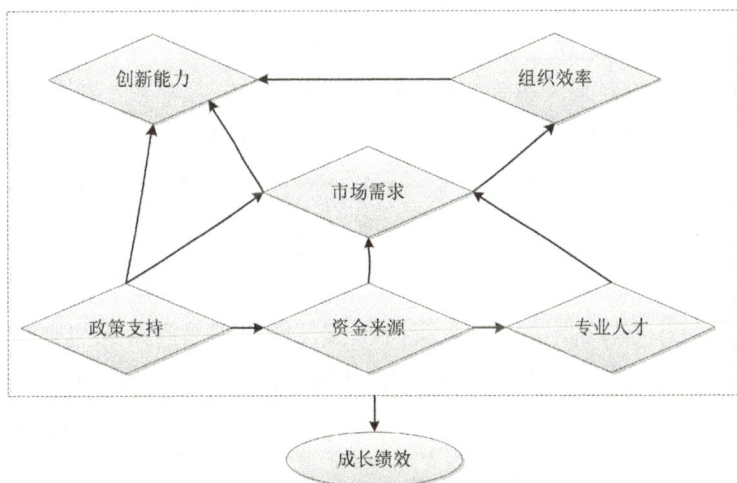

图4-1　邮轮产业成长动力机制模型

4.1.2　相关假设

根据上面的做法,对邮轮产业的成长起到推动作用的因子设定为六个,它们分别是专业人才、资金来源、市场需求、组织效率、支持政策以及创新能力,下面具体分析在它们的全面作用下,邮轮产业的成长绩效会产生怎样的变化。

4.1.2.1　支持政策

根据学者舒锐的观点,有关产业的发展是会在相关政策的作用下要么变得更加迅速,要么就变得更加缓慢,而在中国,相关政府部门实行的产业政策是身负两大职责的,一个是要在社会上提供更多的就业岗位,另一个则是要尽量促进产业的增长,二者缺一不可。而陈小年在研究中也认为,发展中国的邮轮产业,可以适当在上海建立航运发展综合试验区,并相应成立一个邮轮旅游实验区,在这两个实验区的大框架下,实行相应的税收减免政策,为它们的通行提供相应的方便,此外,也可以考虑允许让外资进入该产业的发展中。而张树民等人认为,政府制定相关支持邮轮旅游业的发展政策,这是从宏观方面来考虑的,通过对有关的市场管理机制实施强化,这样也就能够帮助市场不断培育出自己的主体产业,并能在一定程度上引导游客旅游,大大促进邮轮产业的进步,发展能力与质量也会越来越好,并取得优异的成绩。刘焕庆对于这方面的研究也有自己的见解,他指出中国在对邮轮行业进行政策调控的时候,可以适当考虑给予港口建设方面一定的政策倾斜,并不断将市场上的项目进行细分,大力支持旅游行业项目,组织引导邮轮旅游行业的深入发展。

由于邮轮产业存在着很多外部性因素的影响,所以它们必须要从自身的优势来进行考量,通过不断地竞争,找到更多与自身发展有关的生产要素,并在市场上不断挖掘自身的经济资源,当然那种自发形成的办法是行不通的。从国外很多的实践中我们可以看出,要想促进邮轮产业的发展,那就必须相应地建立一套相对完善的产业支撑政策与制度,并不断保障与引导行业努力朝着健康正确的道路上行进;对邮轮行业的发展进行规范,那就一定要相应实施一些相关的行业制度,引导其有序发展;另外,政府提供的财政支持以及税收优惠等政策支撑也是不可或缺的。所以,笔者提出,在对邮轮产业的支持政策中,有三个方面起到了主要的主要,一个是法律,另一个是制度,还有一个则是相关的邮轮激励措施。中国的邮轮产业支持政策会对邮轮产业的资金来源、创新能力、发展潜力以及成长绩效造成很大的影响,因此我们要先进行假设,如下所述:

H1：资金来源受到政策比较明显的正向关系作用，这种影响是具有一定路径的。

H2：创新能力受到政策比较明显的正向关系作用，这种影响是具有一定路径的。

H3：市场需求受到政策比较明显的正向关系作用，这种影响是具有一定路径的。

H4：成长绩效受到政策比较明显的正向关系作用，这种影响是具有一定路径的。

4.1.2.2　资金来源

学者梁嘉骅在研究中提出了自己的观点，企业的资金始终是制约企业发展的主要方面，一个企业如果没有一定的资金获取能力，那就很难去谈什么发展，所以资金市场的成熟程度直接会影响到企业的未来发展。而蔡晓霞也有自己的见解，他认为邮轮产业发展的一个必备条件是金融服务水平。在李鹏看来，一个较为宽松的金融环境，将有助于邮轮产业的布局与发展，境外的游客也能通过相应的金融服务来获取便捷感，比方说具体开展银行的离岸业务等等，可以在一定程度上支持邮轮企业开展更多的外资业务等等，更好地服务于企业的日常运营活动。设立专门的外资医疗保险部门，可以对上海的自贸区邮轮企业运营提供直接的服务，尤其是相关的保险业务；而保险业务的逐渐国际化，也使得大量的国外游客能够相应获得保险业务的服务。

由于邮轮产业属于一种新型的产业，在国内并未形成规模，因此会在发展过程中面临着许多未知的风险，加上目前的资产抵押还比较欠缺，因此很难形成多元化的资金链条，而这些资金是邮轮产业发展中的关键因素。所以，笔者的观点是，中国的邮轮产业，其基本的资金来源主要是信用担保、银行贷款、风险投资以及第三方融资等等。这些资金的来源途径又会对邮轮产业中的企业创造活力以及人才队伍建设构成很大的影响，于是，文中也做出了有关的假设，如下所述：

H5：专业化的人才与资金来源之间存在明显的正向关系作用，这种影响是具有一定路径的。

H6：企业的创新能力与资金来源之间存在明显的正向关系作用，这种影响是具有一定路径的。

4.1.2.3　技术人才

在吴晓云的论著中，他认为，不断培育并提升企业的技术水平，可以大大促进企业核心竞争力的提升。而陈琦在研究过程中,核心技术是其研究的一个角度,根据其研究结果,那些高新技术企业,他们的核心技术与其成长状况之间存在着明显的正向关系作用。而吴永林等人通过多年的研究发现,企业成长的本质就是企业核心技术的不断创新与加强。因此,与技术加强相关的因素同样也与企业的成长之间构成了比较明显的正向关系。TerPstra 等人也认为,一个企业在人员招聘上会与它的经营状况以及成长情况呈现出显著的正向关系。Russell 等人同样也提出了,一个企业在财务方面的优劣,与其员工展开的培训工作成效之间也是有着一定关联的。在宋英华等人的研究工作中发现,通过加强企业专业人才的引进,不断创新企业的发展理念,并提升企业的激励力度,在企业不断营造出一种创新型的文化氛围,也能极大推动企业快速成长。

在中国的邮轮产业中,能够极大推动企业快速发展的关键性技术还是非常欠缺的,企业的自主创新水平,也有待进一步提升;因为邮轮在建造、运转以及后期的维护服务方面都需要大量的专业性人才,需要得到团队力量的支持。一个邮轮产业的发展质量,很大程度上是与专业性的人才队伍直接相关,是企业成长的一个很关键的因素,这样看来,中国的邮轮产业专业人才是非常吃紧的。所以,文中在研究邮轮产业的成长因素的时候,具体是从以下的几个方面来展开的:人才培养合作、人才的招聘、人才的激励以及人才的现状等等。邮轮产业的创新能力是由邮轮人才储备状况所决定的,于是笔者提出相关的假设,如下所述:

H7:邮轮产业的创新能力同人才队伍之间存在着明显的正向关系,这种影响是具有一定路径的。

4.1.2.4 创新能力

潘安成曾经在自己的研究论文中指出,通过加强企业的内外部知识力量的建设可以促进企业的成长,通过共享相关的知识可以更好地把握企业的发展时机,通过组织学习可以将企业的成本降至最低,于是也就相应会产生知识创新体系。冒乔玲与许敏等人在具体的研究工作中,选用了三年间的上市企业的一些信息来展开分析,从中得到结论,技术创新水平越高,企业的成长情况越好,二者之间是正向关系。而杨蕙馨的观点是,企业的技术创新会滞后于企业的成长,说明企业必须经历相当的技术创新积累以后,其成长才会表现出来。

中国在发展邮轮产业的时候,要将文化创意与其有关的一些项目结合起来,不断拓宽邮轮产业的服务宽度,这也体现出了企业创新发展理念。所以在文中,邮轮文化创意能力的提升,也将大大促进邮轮产业的成长。通过这种文化创意能力,企

业可以更好地对产业资源进行整合。于是,笔者在文中也做了相应地假设,如下所述:

H8:企业的市场需求同邮轮产业的文化创新水平之间呈现出来的是一种正向关系作用,这种影响是具有一定路径的。

4.1.2.5　市场需求

一个产业的成长未来方向是由市场需求决定的。在隋映辉的研究工作中,他指出了,一项科技要想能够取得更好的发展与推广,那一定要与市场的需求相适应,所以说,市场需求可以将该产业的具体结构进行整合,这将有利于产业的转型与升级。黄阳华也指出,对于市场需求,我们不能仅仅理解为用户对产品的购买欲望,其中也包括了其他的方面,比方说,企业家精神、用户自身的创新能力等。通过微观的角度,我们可以更好地分析出市场需求到底是在产业成长过程中起到怎样的作用,通过梳理中国政策中有关战略新兴产业的发展情况,这样将有助于提升产业的成长速度。学者张赤东在研究中,选取的研究对象是国家级创新企业,对它们展开调查,其结果表明,市场需求能够大大推动中国创新性企业不断成长与技术创新。

文中的研究出发角度是文化创意,然后来分析市场需求是否可以推动邮轮产业发展与进步,而邮轮产业是否可以敏锐感受到并将市场机会把握好;邮轮旅游产业是不是可以持续吸引到游客;邮轮产业的消费群体是不是属于高端市场行为;产业的成长速度与组织的是否有效,这些是否会由市场需求来决定。所以文中笔者也形成了下面的一些假设,如下所述:

H9:产业的成长绩效水平与市场需求之间存在的关系是正向作用,这种影响也是有着一定路径的。

H10:产业的组织效率与市场需求之间存在的关系是正向作用,这种影响也是有着一定路径的。

4.1.2.6　组织效率

对企业的管理组织效率衡量,一般都是体现在产业收益的组织成本上,也会体现在相应的组织目标有没有得到实现,体现在具体相关活动的外在成效,产业组织效率的高低,可以是有很多方面决定的,比方说。技术、竞争还有制度等等,他们能为企业的成长奠定了一定的基础。

学者王丽平曾经提出,组织效率可以通过以下的多个方面来进行体现,比方说企业的决策能力、组织的协调能力以及企业对环境的适应水平等等,以此来显示出组织最终的运行状况如何,并同时将组织目标进展程度细致反映到上一级中,是集合了所有的组织管理目标。

文中在具体考察邮轮产业的组织效率情况时,选取的几个要素分别是:产业的沟通协调能力、产业对相关的变革适应能力以及产业是否积极向上等等。产业的成长绩效在一定程度上会受到其组织效率的影响,所以文中笔者进行了假设,如下所述:

H11:邮轮产业的成长绩效同组织效率之间呈现的是一种正向相关性,这种影响也是存在某种路径的。

4.1.2.7 结果变量因素及其作用分析

在研究产业时,最重要的问题就是研究产业的成长情况,当前有部分学者将研究产业看作是对结果的研究,也有人将其看作是对过程的研究,甚至也有人将其当做是对原因的研究。根据向吉英的研究说法,他指出,产业成长是一个过程,是其生命周期中必须经历的。而从外面看,产业是从开始的规模比较小,慢慢地变得越发强大起来,也可以是从最初的不成熟,最后不断变得成熟起来。

很多的学者也对产业成长的具体评价指标进行了研究,比方说,吕静韦在研究产业成长的绩效时,选取的几个具体指标有:产业的成熟水平、产业的具体规模、产业的具体实力发展情况还有产业所处的市场环境等等。而汪建在研究中也认为,要想对企业的绩效进行提升,首先要做的就是对企业的前端创新进行重视,从而创造出更加符合产业发展的道路,加快产业的发展进程。而吕静韦也进行了相关的研究,他在考量产业的绩效时,主要选取了以下的几个方面:产业的成熟度、产业的规模程度、产业的相关技术水平,还有就是企业的结构化稳定程度等。

在本书中,笔者在对邮轮产业的成长进行研究时,选取的主要几个与绩效相关的指标是这样的:评价指标下有三个二级指标,分别是滞后指标,一致指标,还有就是先行指标,在它们的下面又总共形成了十九个三级指标,而研究中选取的数据都是邮轮产业在近五年中的。

4.2 研究设计

4.2.1 调查问卷设计

文本问卷调查表格在参考了前文工作的基础上进行了针对性设计和调整,与此同时,咨询了众多邮轮管理者、相关研究人员和部分学术专家,根据它们提出的观点和建议对我国游轮产业成长动力调查问卷进行了完善,具体的问卷见附录。本书设计的调查问卷包含两个部分,第一部分主要是考察被调查者的基本信息,例如学历、年龄、坐过几次邮轮等;第二部分主要根据前文提到的相关模型进行题目设计,针对不同的可测变量或潜变量题目也有所区别,具体的考察评估按照莱氏品质评定量表法进行。

本书中涉及的潜变量主要有七个部分,分别代表了七个不同的方向。具体如下:政策支撑、资金筹集、专业人才和技术、创新应用、市场潜力、组织效率、成长绩效,每个方面的潜变量设计的具体题目如下:

对于政策支撑的评估题目主要包含 3 个方面:a1.调查地和邮轮产业相关的国家法律法规是否完善;a2.调查地和邮轮产业相关行业制度是否完善;a3.调查地对于邮轮相关行业在财政补贴和税收优惠上和其他产业的横向对比情况;

对于资金筹集的评估题目主要包含 5 个方面:a4.邮轮相关产业从银行贷款是否困难;a5.邮轮相关产业获得信用担保是否困难;a6.当地和邮轮产业相关的融资机制是否完善;a7.邮轮产业通过融资租赁和风险投资方式来获得融资是否困难;a8.邮轮产业通过其他方式(不包含融资租赁和风险投资)获得融资是否困难;

对于专业人才和技术的评估题目主要包含 5 个方面:a9.在调查地获取邮轮产业相关的专利和技术是否困难;a10.邮轮产业和相关的科研机构或高校相关专业的技术合作情况评估;a11.调查地在邮轮制造和研发方面的实力情况;a12.在人才市场招聘到相关专业人才是否困难;a13.当地游轮产业对于专业人才的培训、管理水平评估情况;

对于创新应用的评估题目主要包含两个方面:a14.邮轮产业相关的企业创新评估情况;a15.在邮轮产业中应用文化创意的效率评估;

对于市场潜力的评估题目主要包含 3 个方面:a16.邮轮最大乘客的接待能力评估;a17.邮轮上乘客的平均消费能力评估;18.邮轮在中国市场的发展潜力,是否吸引中国游客;

对于组织效率的评估题目主要包含 3 个方面:a19.邮轮产业和别的产业之间的协调沟通能力评估;a20.邮轮产业应对市场变化的能力评估;a21.邮轮产业相关文化的积极程度评估。

4.2.2　数据收集

本书的研究先设计好调查问卷,在调查地发放收集游轮产业成长动力相关数据,然后采用 SPSS 软件对前文给出的模型中各因素的统计情况和相关性情况进行了归纳分析,再使用 AMOS 软件来对整合数据,并对结构方程模型修正后确定最终模型情况,在最后对修正后模型中相关因素进行分析解释,评估其对产业的促进效果。

本书的问卷调查是长时间,大范围的一个调查,地点选在了上海市整个地区,共花了 4 个月左右,直到 2016 年的一月份才完成数据的收集。本书在进行问卷调查的同时也对上海市的邮轮企业进行了面谈采访,并对部分外地的邮轮企业进行了电话或视频访谈,全面收集各项相关数据。最后,本次调查的整体情况总结如下:问卷发放共 611 份,收回问卷数量达到了 425 份,占比 69.55%,再将部分数据不全的问卷进行剔除,剩下问卷为 390 份,占比 63.83%,问卷回收情况良好。

本书收集的数据主要用于结构方程模型分析,验证模型中的假设是否成立。结构方程模型比较直观的线性统计方法,主要利用线性方程来表示潜变量之间的相互关系以及潜变量和设定的观测量之间的相互关系。该模型的优势在于可以并行处理能力强,并且容错率较高,因变量和自变量的测量误差不影响结果;同时,因子结构和因子关系也能够利用结构方程模型来评估,还能用来对整个模型的拟合情况进行评估。这些优势使得结构方程模型具有广泛的应用领域,但是模型本身的建立以渐进理论为立足点的,也就存在了一定的样本多样性要求,需要较大的样本基数才能获得准确的数据。20 世纪 90 年代,Schumacker 等学者在对样本需求数量进行研究后,得出了结论:大部分的结构方程模型至少需要 200 以上的样本数量才能保证稳定性和精确度,但是样本数不建议高于 500,避免大量的数据堆积难以处理;Breckler 教授则针对社会心理学方面的结构方程进行了研究,认为样本数量应该要保持在 50—8 640 之间,198 是一个中型样本的数量。我国的专家侯杰泰在 2004 年也进行了这方面的具体研究和探讨,也给出了相似的结论:大部分的结构方程模型至少需要 100 到 200 的样本数量来保证分析的准确性;邱浩政等学者在 2012 年更进一步地分析了样本数量的具体情况,最终得出结构方程模型只能应用于样本数量较大的情况,当样本数量不足时(低于 100),结构方程模型分析的稳定性和准确性都无法保证。

所以,从上面得出的结论可以看出,本书运用结构方程模型完全符合条件,样本数量达到了 390,完全能够保证结构方程模型分析的稳定性和准确性。

4.3　数据分析

4.3.1　描述性统计分析

4.3.1.1　基本信息收集情况

1）年龄分布情况

在收回的 390 份问卷调查中,年龄分布在 25 岁之前的大约有 65 人,总数占比为 16.67%;年龄分布在 35 岁之下,25 岁之上的共有 120 人,占比达到了 30.77%;年龄分布在 35 岁之上,50 岁之下的人数达到了 75 人,占比为 19.23%;年龄分布在 50 岁之上,60 岁之下的人数达到了 111 人,占比约为 28.46%;最后,年龄在 60 岁往上的约为 19 人,占比达到了 4.87%。

2）接受教育分布情况

在收回的 390 份问卷调查中,问卷填写人的学历分布情况如下:硕士以上学历大约为 36 人,总数占比为 9.23%;本科学历人数为 158 人,占比 40.51%;大专学历的人数为 110 人,28.20%;中专及以下学历人数为 86 人,占比为 22.05%。

3）被调查企业的地区分布情况

表 4 - 1　被调查企业的地区分布

所属省份(市)	企业数量	占比(%)	所属省份(市)	企业数量	占比(%)
福建	8	2.05	辽宁	9	2.31
四川	11	2.82	吉林	10	2.56
山西	13	3.33	湖北	14	3.59
陕西	16	4.10	安徽	13	3.33
浙江	15	3.85	江西	17	4.36
河南	13	3.33	江苏	21	5.38
河北	24	6.15	黑龙江	22	5.64
湖南	18	4.62	天津	24	6.15
广东	23	5.90	山东	29	7.44
上海	37	9.49	北京	53	13.59

本次问卷调查发放的企业涵盖了邮轮产业链的上中下全体部分,其中产业链的上游企业包含了邮轮的维修、设计,甚至包括制造等相关领域;产业链的中端企业业务范围为邮轮的运营;产业链的下游企业则包含了一切涉及邮轮的下游公司,比如商业零售、广告赞助、港口公司等等。

4.3.1.2 可测变量的描述性统计结果

前面已经收集好了来自不同企业的相关统计数据,接下来利用数据进行结构方程模型分析。结构方程模型分析要求数据呈现正态分布的情况,若无法满足要求,则无法运用结构方程分析。Kline 教授在 1992 年提出了数据的正态性校验方法,当数据中变量的偏度绝对值不高于 3,数据的峰度绝对值不高于 8 时,数据是符合正态分布情况的。基于以上情况,本书利用 SPSS 软件对涉及的各可测变量的偏度、峰度等相关系数进行了分析计算,得出的具体情况见表 4 - 2。

表 4 - 2 可测变量的描述性统计

变量编号	偏度	峰度	平均值	标准差
a1	−0.260	−0.417	5.26	2.03
a2	−0.387	−0.610	5.60	2.10
a3	−0.577	−0.183	6.73	2.11
a4	−0.561	−0.072	6.92	2.00
a5	−1.112	−0.868	7.88	2.02
a6	−1.156	1.376	8.04	1.80
a7	−1.171	0.974	7.86	2.08
a8	−1.028	0.667	7.87	2.00
a9	−0.417	−0.481	5.63	2.09
a10	−0.399	−0.421	5.90	2.07
a11	−0.802	0.172	7.30	2.14
a12	−0.382	−0.576	5.58	2.23
a13	−0.151	−0.717	5.45	2.12
a14	−0.688	−0.092	7.03	2.32

（续表）

变量编号	偏度	峰度	平均值	标准差
a15	−0.663	−0.015	7.04	2.24
a16	−0.487	−0.496	5.51	2.07
a17	−0.273	−0.693	5.19	2.16
a18	−0.006	−0.893	4.59	2.21
a19	1.425	1.400	2.42	2.04
a20	0.068	−1.147	5.41	2.78
a21	0.125	−0.722	4.02	2.19
a22	−0.117	−0.697	5.89	2.40
a23	0.517	−0.696	3.86	2.46
a24	−0.084	−0.786	5.42	2.52

从表 4-2 中可以看到,不同的可测变量偏度系数最低为 a18,达到了−0.006,最高为 a19,达到了 1.425,其绝对值均小于 3,处于允许范围内;峰度系数最低为 a15,达到了−0.015,最高为 a19,达到了 1.400,绝对值均小于 8,处于允许范围内。也就是说,数据是服从正态分布的,可以采用结构方程分析法。

4.3.2　信度检验

4.3.2.1　信度检验指标

信度检验的指标本质上就是检验数据的稳定性和一致性。稳定性校验主要是指相同的方法和研究对象在不同的时间节点上得出的结果之间的可靠系数是否达标。一致性校验则主要是对问卷中题目的一致性进行验证,探究其考察的内容是否一致或相似。本节的研究由于数据采集并未重复多次进行,无法进行稳定性指标校验,故选择一致性指标对采集的数据进行信度验证。

目前对于数据的一致性校验主要通过 Cronbach's Alpha 系数和折半信度两种方法来进行考察。折半信度法指的是将调查问卷按一定的规律分成两个部分,例如按奇偶不同分为两个部分,或者是将问卷前后对折分成两个部分,然后假设两个不同部分的测试题目分数方差是保持一致的,那么就能够利用 Spearman-brown 公式来计算两个不同部分的相关系数,两者相关系数低则代表了两个不同部分题目的一致性差,那么信度也相应的差,反之则数据信度高。但是折半信度法也有一定的缺陷,那就是要求两个不同部分的测试题目分数方差是保持一致的,这个假设在实际中是难以做到的,那么就会导致数据的信度被严重低估,偏离实际。所以,在1951年,Cronbach's Alpha系数法被提出来了,该方法不是粗暴地将数据对半分成两个部分进行相互比较,而是对问卷中任何一个题目和其他题目进行相互比较,这样就解决了折半信度法所固有的缺陷,从而具有更精确的信度评估。当Cronbach's Alpha系数低于0.7时,被认为数据信度较低,反之认为数据信度满足要求。Cronbach's Alpha系数主要的影响因素包含了三个:问卷中的题目数量、所有题目相关系数的平均值、向度数目。至于对问卷题目的筛选则采用CITC(Corrected Item-Total Correlation)系数法进行,当CITC系数的值大于0.5时,说明题目应该被保留,反之,则应该将此题删除。

本书的研究主要根据Cronbach's Alpha和CITC系数对采集的原始数据信度进行评估,校验不同的潜变量信度是否达标。

4.3.2.2　潜变量信度分析

1)政策支撑信度分析

该潜变量的具体分析结果如表4-3所示。

表4-3　政策支撑信度分析结果

潜变量	测试题目	CITC系数	删除某项题目时的 Cronbach's Alpha系数	不删除时的 Cronbach's Alpha系数
政策支撑	a1	0.774	0.764	0.858
	a2	0.817	0.720	
	a3	0.618	0.907	

从表中可以看到,该潜变量的三个测试题目a1、a2、a3的CITC系数分别为0.774、0.817、0.618,其值都比0.5要大,测试题目应该予以保留;该潜变量的三个测试题目a1、a2、a3的Cronbach's Alpha系数为0.858,大于0.7,说明采集的相关数据具有较高的信度。

2)资金筹集信度分析

该潜变量的具体分析结果如表4-4所示。

表 4 - 4　资金筹集信度分析结果

潜变量	测试题目	CITC 系数	删除某项题目时的 Cronbach's Alpha 系数	不删除时的 Cronbach's Alpha 系数
资金筹集	a4	0.579	0.891	0.884
	a5	0.752	0.852	
	a6	0.739	0.856	
	a7	0.819	0.835	
	a8	0.729	0.857	

从表中可以看到,该潜变量的五个测试题目 a4、a5、a6、a7、a8 的 CITC 系数分别为 0.579、0.752、0.739、0.819、0.729,其值都比 0.5 要大,测试题目应该予以保留;该潜变量的五个测试题目 a4、a5、a6、a7、a8 的 Cronbach's Alpha 系数为 0.884,大于 0.7,说明采集的相关数据具有较高的信度。

3) 专业人才和技术信度分析

该潜变量的具体分析结果如表 4 - 5 所示。

表 4 - 5　专业人才和技术信度分析结果

潜变量	测试题目	CITC 系数	删除某项题目时的 Cronbach's Alpha 系数	不删除时的 Cronbach's Alpha 系数
专业人才和技术	a9	0.780	0.810	0.862
	a10	0.705	0.829	
	a11	0.531	0.872	
	a12	0.727	0.823	
	a13	0.682	0.834	

从表中可以看到,该潜变量的五个测试题目 a9、a10、a11、a12、a13 的 CITC 系数分别为 0.780、0.705、0.531、0.727、0.682,其值都比 0.5 要大,测试题目应该予以保留;该潜变量的五个测试题目 a9、a10、a11、a12、a13 的 Cronbach's Alpha 系数为 0.862,大于 0.7,说明采集的相关数据具有较高的信度。

4）创新应用信度分析

该潜变量的具体分析结果如表 4-6 所示。

表 4-6　创新应用信度分析表

潜变量	测量题目	CITC 系数	删除某项题目时的 Cronbach's Alpha 系数	不删除时的 Cronbach's Alpha 系数
创新应用	a14	0.868	0.814	0.929
	a15	0.868	0.841	

从表中可以看到，该潜变量的两个测试题目 a14、a15 的 CITC 系数均为0.868，其值比 0.5 要大，测试题目应该予以保留；该潜变量的两个测试题目 a14、a15 的 Cronbach's Alpha 系数为 0.929，大于 0.7，说明采集的相关数据具有较高的信度。

5）市场潜力信度分析

该潜变量的具体分析结果如表 4-7 所示。

表 4-7　市场潜力信度分析结果

潜变量	测量题目	CITC 系数	删除某项题目时的 Cronbach's Alpha 系数	不删除时的 Cronbach's Alpha 系数
市场潜力	a16	0.895	0.917	0.946
	a17	0.904	0.908	
	a18	0.865	0.939	

从表中可以看到，该潜变量的三个测试题目 a16、a17、a18 的 CITC 系数分别为 0.895、0.904、0.865，其值比 0.5 要大，测试题目应该予以保留；该潜变量的两个测试题目 a14、a15 的 Cronbach's Alpha 系数为 0.946，大于 0.7，说明采集的相关数据具有较高的信度。

6）组织效率信度分析

该潜变量的具体分析结果如表 4-8 所示。

表 4 - 8　组织效率信度分析结果

潜变量	测量题目	CITC 系数	删除某项题目时的 Cronbach's Alpha 系数	不删除时的 Cronbach's Alpha 系数
组织效率	a19	0.345	−0.101	0.304
	a20	0.142	0.312	
	a21	0.061	0.425	

从表中可以看到,该潜变量的三个测试题目 a19、a20、a21 的 CITC 系数分别为 0.345、0.142、0.061,其值均比 0.5 要小,测试题目应该予以删除;同时,该潜变量的 Cronbach's Alpha 系数为 0.304,小于 0.7,说明采集的相关数据信度较低,所以应该将组织效率从本书的模型中删除掉。所以经过对本潜变量的信度校验,应该将模型中的 H10、H11 路径假设取消掉,那么原来搭建的模型中仅剩下 6 个动力因素和 21 个测量题目。

7) 成长绩效信度分析

该潜变量的具体分析结果如表 4 - 9 所示。

表 4 - 9　成长绩效信度分析结果

潜变量	测量题目	CITC 系数	删除某项题目时的 Cronbach's Alpha 系数	不删除时的 Cronbach's Alpha 系数
成长绩效	a22	0.586	0.706	0.768
	a23	0.645	0.639	
	a24	0.576	0.718	

从表中可以看到,该潜变量的三个测试题目 a22、a23、a24 的 CITC 系数分别为 0.586、0.645、0.576,其值比 0.5 要大,测试题目应该予以保留;该潜变量的两个测试题目 a22、a23、a24 的 Cronbach's Alpha 系数为 0.768,大于 0.7,说明采集的相关数据具有较高的信度。

4.3.3 效度检验

效度检验的目的就是帮助验证测量工具是否正确测量,同时确认采集到的原始数据是否能够得到期望的结果,确定潜变量是否合理有效。效度分成三类:实证效度、逻辑效度和理论效度。

实证效度又可以称为效标效度,首先设定一个效标,然后用其他的测量标准对同一个研究对象进行测量,再将结果和效标进行对比,判断其他的测量标准是否有效。若其他测量标准的测量结果有效,那么该测量标准为实证效度。但是该种方法的实际应用并不多,因为准则选择对于结果的影响较大,而恰当的准则又难以确定,导致了该种方法在实际应用中难以适用。

逻辑效度主要是通过人为的逻辑判断和分析来评估测量题目的合理性和有效性。这种人为的评价判断主要是依靠行业专家或者相关行业的研究学者来进行,确定测量题目是否能够达到期望的测量目标。但是逻辑效度的人为主观性较强,缺少客观的标准性框架来评价合理程度,所以同样有一定的缺陷。

理论效度主要是指测量题目的测量结果能否合理有效地对模型内部的结构和假设进行解释或者证实,这种证实或解释的程度是否达到了期望结果。如果测量数据和期望结果相符合,那么就称采集的数据具有理论效度。

从上面的介绍中,我们可以知道实证效度和逻辑效度都有着一定的固有缺陷,其难以明确恰当的测量准则,故本书的研究采用第三种理论效度来对数据的效度进行验证。在理论效度校验的众多方法中,因子分析法具有最好的成效,能够准确有效地校验数据的效度,所以本书决定采用因子分析法进行校验。本书两次使用因子分析法,初次使用因子分析法主要是对量表理论效度进行验证,第二次使用因子分析法是对模型的拟合程度进行理论效度验证,也就是利用因子分析法将原始数据的效度验证变成了对模型拟合程度的评估验证。

本书初次运用因子分析法时选取了 KMO 验证和 Bartlett 球形度验证来对变量进行适应性分析,判断其是否能够进行因子分析验证。当 KMO 指标值低于 0.5 时,表明该变量并不适用因子分析法来进行效度验证,当 Bartlett 球形度校验中的显著性概率指标值为 0.000 且 KMO 指标值高于 0.5 时,表明该变量适用于因子分析法来进行效度验证。

4.3.3.1 政策支撑量表因子分析

政策支撑量表因子分析结果如表 4-10 所示。

表 4 - 10　政策支撑量表的 KMO 和 Bartlett 的检验

KMO 的样本度量值		0.702
Bartlett 球形检验	卡方近似值	645.528
	df	4
	Sig	0.000

从上表中可以看出，该变量的 Bartlett 球形度校验中的显著性概率指标为 0.000，且 KMO 指标值为 0.702，大于限值 0.5，也就表明了该变量适用于因子分析法来进行效度验证。

表 4 - 11、表 4 - 12 给出了具体的因子分析结果。

表 4 - 11　政策支撑量表的总方差解释

成分数量	样本数据初始特征值			提取平方和载入后的特征值		
	总计	方差解释%	累计%	总计	方差解释%	累计%
1	2.249	77.216	77.216	2.249	77.216	77.216
2	0.474	16.163	94.499			
3	0.158	5.502	100.000			

表 4 - 12　政策支撑量表的成分矩阵

	成分数量
	1
a2	0.928
a1	0.908
a3	0.811

从表 4 - 11 给出的具体的结果可以看出，样本数据的初始特征值合计 2.249，方差解释度为 77.216%，该数据表明了政策支撑量表的理论效度较强，但是样本数据特征值要求要比 1 大，只能使用主成分分析法抽取其中一个，所以也就表示无法旋转因子。从表 4 - 12 给出的具体结果可以看出，政策支撑的三个测试题目 a1、a2、a3 的因子载荷值分别为 0.908、0.928、0.811，全部大于 0.35 的底线值，这表明了

政策支撑量表的理论效度较强。

4.3.3.2 资金筹集量表因子分析

政策支撑量表因子分析结果如表 4-13 所示。

表 4-13 资金筹集量表的 KMO 和 Bartlett 的检验

KMO 的样本度量值		0.833
Bartlett 球形检验	卡方近似值	1 123.659
	df	10
	Sig	0.000

从上表中可以看出,该变量的 Bartlett 球形度校验中的显著性概率指标为 0.000,且 KMO 指标值为 0.833,大于限值 0.5,也就表明了该变量适用于因子分析法来进行效度验证。

表 4-14、表 4-15 给出了具体的因子分析结果。

表 4-14 资金筹集量表的总方差解释

成分数量	样本数据初始特征值			提取平方和载入后的特征值		
	总计	方差解释%	累计%	总计	方差解释%	累计%
1	3.435	68.887	68.887	3.435	68.887	68.887
2	0.611	12.318	81.223			
3	0.429	8.653	89.879			
4	0.320	6.332	96.220			
5	0.192	3.790	100.000			

表 4-15 资金筹集量表的成分矩阵

	成分数量
	1
a7	0.901
a5	0.848
a6	0.838
a8	0.829
a4	0.711

从表 4-14 给出的具体结果可以看出,样本数据的初始特征值合计 3.435,方差解释度为 68.887%,该数据表明了政策支撑量表的理论效度较强,但是样本数据特征值要求要比 1 大,只能使用主成分分析法抽取其中一个,所以也就表示无法旋转因子。从表 4-15 给出的具体结果可以看出,政策支撑的五个测试题目 a4、a5、a6、a7、a8 的因子载荷值分别为 0.711、0.848、0.838、0.901、0.829,全部都大于0.35 的底线值,这表明了资金筹集量表的理论效度较强。

4.3.3.3　专业人才和技术量表因子分析

专业人才和技术量表分析结果如表 4-16 所示。

表 4-16　专业人才和技术量表的 KMO 和 Bartlett 的检验

KMO 的样本度量值		0.835
Bartlett 球形检验	卡方近似值	951.101
	df	9
	Sig	0.000

从上表中可以看出,该变量的 Bartlett 球形度校验中的显著性概率指标为 0.000,且 KMO 指标值为 0.835,大于限值 0.5,也就表明了该变量适用于因子分析法来进行效度验证。

表 4-17、表 4-18 给出了具体的因子分析结果。

表 4-17　专业人才和技术量表的总方差解释

成分数量	样本数据初始特征值			提取平方和载入后的特征值		
	总计	方差解释%	累计%	总计	方差解释%	累计%
1	3.221	65.112	65.112	3.221	65.112	65.112
2	0.669	13.559	78.799			
3	0.488	9.819	88.601			
4	0.331	6.669	95.229			
5	0.233	4.728	100.000			

表 4 - 18　专业人才和技术量表的成分矩阵

	成分数量
	1
a9	0.876
a12	0.839
a10	0.828
a13	0.812
a11	0.668

从表 4 - 17 给出的具体结果可以看出,样本数据的初始特征值合计 3.221,方差解释度为 65.112%,该数据表明了政策支撑量表的理论效度较强,但是样本数据特征值要求要比 1 大,只能使用主成分分析法抽取其中一个,所以也就表示无法旋转因子。从表 4 - 18 给出的具体结果可以看出,政策支撑的五个测试题目 a9、a10、a11、a12、a13 的因子载荷值分别为 0.876、0.828、0.668、0.839、0.812,全部都大于 0.35 的底线值,这表明了专业人才和技术量表的理论效度较强。

4.3.3.4　创新应用量表因子分析

创新应用量表分析结果如表 4 - 19 所示。

表 4 - 19　创新应用量表的 KMO 和 Bartlett 的检验

KMO 的样本度量值		0.699
Bartlett 球形检验	卡方近似值	346.906
	df	1
	Sig	0.000

从上表中可以看出,该变量的 Bartlett 球形度校验中的显著性概率指标为 0.000,且 KMO 指标值为 0.699,大于限值 0.5,也就表明了该变量适用于因子分析法来进行效度验证。

表 4 - 20、表 4 - 21 给出了具体的因子分析结果。

表 4 - 20　创新应用量表的总方差解释

成分数量	样本数据初始特征值			提取平方和载入后的特征值		
	总计	方差解释%	累计%	总计	方差解释%	累计%
1	1.872	93.469	93.469	1.872	93.469	93.469
2	0.129	6.542	100.000			

表 4 - 21　创新应用量表的成分矩阵

	成分数量
	1
a14	0.971
a15	0.971

从表 4 - 20 给出的具体的结果可以看出,样本数据的初始特征值合计 1.872,方差解释度为 93.469%,该数据表明了政策支撑量表的理论效度较强,但是样本数据特征值要求要比 1 大,只能使用主成分分析法抽取其中一个,所以也就表示无法旋转因子。

从表 4 - 21 给出的具体结果可以看出,政策支撑的两个测试题目 a14、a15 的因子载荷值均为 0.971,大于 0.35 的底线值,这表明了创新应用量表的理论效度较强。

4.3.3.5　市场潜力量表因子分析

市场潜力量表分析结果如表 4 - 22 所示。

表 4 - 22　市场潜力量表的 KMO 和 Bartlett 的检验

KMO 的样本度量值		0.773
Bartlett 球形检验	卡方近似值	1 143.250 3
	df	3
	Sig	0.000

从上表中可以看出,该变量的 Bartlett 球形度校验中的显著性概率指标为 0.000,且 KMO 指标值为 0.773,大于限值 0.5,也就表明了该变量适用于因子分析法来进行效度验证。

表 4-23、表 4-24 给出了具体的因子分析结果。

表 4-23　市场潜力量表的总方差解释

成分数量	样本数据初始特征值			提取平方和载入后的特征值		
	总计	方差解释%	累计%	总计	方差解释%	累计%
1	2.719	90.479	90.479	2.719	90.479	90.479
2	0.179	5.822	96.296			
3	0.1083	3.701	100.000			

表 4-24　市场潜力量表的成分矩阵

	成分数量
	1
a18	0.961
a16	0.958
a17	0.937

从表 4-23 给出的具体的结果可以看出,样本数据的初始特征值合计 2.719,方差解释度为 90.479%,该数据表明了政策支撑量表的理论效度较强,但是样本数据特征值要求要比 1 大,只能使用主成分分析法抽取其中一个,所以也就表示无法旋转因子。从表 4-24 给出的具体结果可以看出,政策支撑的五个测试题目 a16、a17、a18 的因子载荷值分别为 0.958、0.937、0.961,其值全都大于 0.35 的底线值,这表明了市场潜力量表的理论效度较强。

4.3.3.6　成长绩效量表因子分析

成长绩效量表分析结果如表 4-25 所示。

表 4-25　成长绩效的 KMO 和 Bartlett 的检验

KMO 的样本度量值		0.789
Bartlett 球形检验	卡方近似值	307.938
	df	4
	Sig	0.000

从上表中可以看出,该变量的 Bartlett 球形度校验中的显著性概率指标为 0.000,且 KMO 指标值为 0.789,大于限值 0.5,也就表明了该变量适用于因子分析法来进行效度验证。表 4-26、表 4-27 给出了具体的因子分析结果。

表 4-26　成长绩效量表的总方差解释

成分数量	样本数据初始特征值			提取平方和载入后的特征值		
	总计	方差解释%	累计%	总计	方差解释%	累计%
1	2.059	68.501	68.501	2.059	68.501	68.501
2	0.532	17.640	86.129			
3	0.419	13.872	100.000			

表 4-27　成长绩效量表的成分矩阵

	成分数量
	1
a23	0.859
a22	0.821
a24	0.813

从表 4-26 给出的具体的结果可以看出,样本数据的初始特征值合计 2.059,方差解释度为 68.501%,该数据表明了政策支撑量表的理论效度较强,但是样本数据特征值要求要比 1 大,只能使用主成分分析法抽取其中一个,所以也就表示无法旋转因子。从表 4-27 给出的具体结果可以看出,政策支撑的五个测试题目 a22、a23、a24 的因子载荷值分别为 0.859、0.821、0.813,其值全部都大于 0.35 的底线值,这表明了成长绩效量表的理论效度较强。

4.4　结构方程模型检验

4.4.1　初始模型构建

从上述对调查数据的检验结果来看,可以对邮轮产业的组织效率潜变量,还有它们的可测变量都删除掉,这些可变测量分别是用 a19、a20、a21 来表示的。在这个软件 AMOS18.0 的帮助下,对模型中的六个潜变量(即技术人才,资金来源,整合能力,成长绩效,支持政策),另外还有就是那 21 个可测变量,在它们的共同作用下,初步可以构建出模型的结构化方程,在图 4 - 2 中进行了展示。

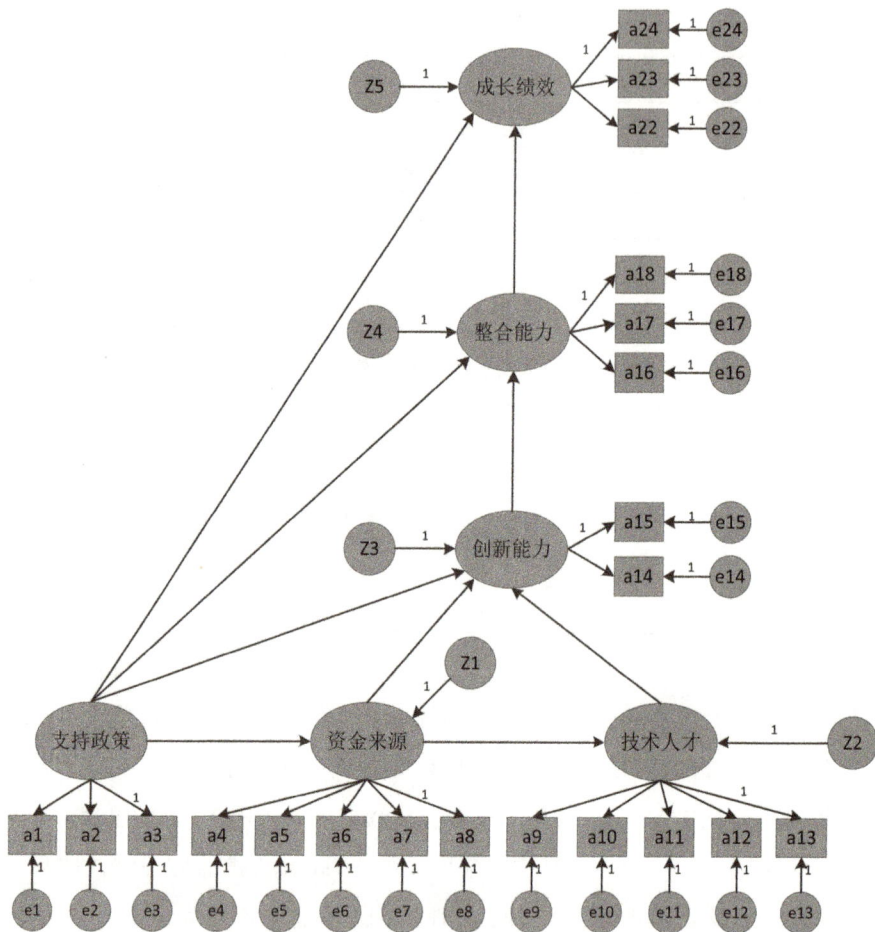

图 4 - 2 邮轮产业企业成长动力机制初始结构方程模型

4.4.2 SEM 模型初步拟合

4.4.2.1 参数估计方法选择

在软件 AMOS18.0 中,本身就拥有很多的参数估计方法,比方说,渐进自由分布标准法 ADF(Asymptotically Distribution-Free),另外,当然也会有非加权最小

二乘法 GLS（Generalized Least Squares），自由最小二乘法 SFLS（Scale-Free Least Squares），然后就是极大似然估计方法 ML（Maximum Likelihood），最后就是所谓的广义最小二乘法 GLS（Generalized Least Squares）。而在本书中对于模型的运算方法上，选用的是极大似然估计法。其中的拟合函数是：$FML = \log|\sum(\ )| + tr[S\sum-1(\ )] - \log|S| - (p+q)$，在函数中 $tr[S\sum-1(\ )]$ 代表的是矩阵 $[S\sum-1(\ )]$ 中所有对角线元素数值加起来的和值；在函数中的另一个 $\log|\sum(\ )|$ 代表的是对矩阵 $|\sum(\ )|$ 的行列式进行取对数，而其中的 $\log|S|$ 代表的就是对矩阵 S 的行列式进行行列式计算后的对数值；其中的内外生观测变量的数量值分别用 p 和 q 来表示；当 $\sum(\ )$ 与 S 的值靠得越近时，那就代表着 $\log|\sum(\ )|$ 与 $\log|S|$ 靠得很近，$tr[S\sum-1(\ )]$ 与 $tr[I]$ 越靠近，也就是说，它们的值与 FML 的值比较相近，于是就认为 FML 的取值就达到了最小值。

4.4.2.2　相关参数估计

对于两个系数，即载荷系数与路径系数，它们分别都有两种情况存在，一个是标准化的，另一个就是非标准化的。当采用非标准化方式进行估计时，就是说先对原始分数进行转化处理，然后就变成了 Z 分数，这个分数可以对变量之间的变化程度进行衡量，最后以此来对结果进行估计，变量之间的变化程度衡量也是通过这个结果来表示的。因为我们只是单纯地对其大小进行直接比较，那样的价值并不明显，所以说，不管是载荷系数，还是路径系数，它们的非标准估计方式得到的结果比较形式上不能过于直接；而通过标准化方式估计产生的结果，像载荷系数就能够对变量之间的变化起到衡量作用，它们的变化单位也与潜变量的单位保持了一致，这样就能直接比较标准化得到的不同载荷系数值，同样也适用于路径系数。文中借助于软件 AMOS18.0 中的极大似然估计方法来对两个系数，即载荷系数与路径系数，分别进行估计，具体的估计结果在表 4-28 中进行了详细说明，并对估计结果进行了方差估计处理，其具体情况可以在表 4-29 中进行展示。

表 4-28　路径、载荷系数估计结果

	非标准化系数	S.E.	C.R.	P	Label	
资金来源<－－支持政策	0.460	0.069	6.334	***	par__16	0.38
技术人才<－－资金来源	0.416	0.048	7.679	***	par__17	0.439
创新能力<－－技术人才	−0.112	0.090	−1.259	0.198	par__18	−0.081

（续表）

	非标准化系数	S.E.	C.R.	P	Label	
创新能力＜－－支持政策	−0.004	0.091	−0.052	0.960	par＿23	−0.004
创新能力＜－－资金来源	0.310	0.085	3.451	***	par＿24	0.229
整合能力＜－－支持政策	1.279	0.102	13.059	***	par＿19	0.880
整合能力＜－－创新能力	−0.019	0.025	−0.794	0.431	par＿20	−0.030
成长绩效＜－－整合能力	0.471	0.12	4.689	***	par＿21	0.541
成长绩效＜－－支持政策	0.259	0.138	1.831	0.072	par＿22	0.210
a13＜－－技术人才	1					0.741
a12＜－－技术人才	1.128	0.069	15.259	***	par＿1	0.788
a11＜－－技术人才	0.780	0.069	10.748	***	par＿2	0.571
a10＜－－技术人才	1.018	0.071	14.812	***	par＿3	0.768
a9＜－－技术人才	1.181	0.081	16.721	***	par＿4	0.91
a8＜－－资金来源	1					0.809
a7＜－－资金来源	1.128	0.049	20.312	***	par＿5	0.902
a6＜－－资金来源	0.867	0.045	17.351	***	par＿6	0.792
a5＜－－资金来源	0.979	0.061	17.472	***	par＿7	0.788
a4＜－－资金来源	0.759	0.058	12.912	***	par＿8	0.619
a3＜－－支持政策	1					0.628
a2＜－－支持政策	1.418	0.102	14.41	***	par＿9	0.886
a1＜－－支持政策	1.29	0.103	14.601	***	par＿10	0.934
a18＜－－整合能力	1					0.891
a17＜－－整合能力	1.029	0.041	29.603	***	par＿11	0.944
a16＜－－整合能力	1.012	0.028	30.512	***	par＿12	0.946
a24＜－－成长绩效	1					0.682
a23＜－－成长绩效	1.233	0.104	12.725	***	par＿13	0.852
a22＜－－成长绩效	0.908	0.096	10.852	***	par＿14	0.652
a15＜－－创新能力	1					0.958
a14＜－－创新能力	0.969	0.142	7.079	***	par＿15	0.911

注:表中的"*"代表了其显著水平在0.01以上。

表 4 - 29　方差估计结果

	方差估计	S.E.	C.R.	P	Label
支持政策	1.776	0.258	6.782	***	par_25
z1	2.298	0.239	9.346	***	par_26
z2	1.969	0.251	7.976	***	par_27
z3	4.471	0.718	6.167	***	par_28
z4	0.912	0.098	8.265	***	par_29
z5	1.368	0.221	6.291	***	par_30
e13	2.062	0.167	11.87	***	par_31
e12	1.841	0.171	10.982	***	par_32
e11	3.140	0.243	13.180	***	par_33
e10	1.739	0.148	11.431	***	par_34
e9	0.985	0.118	8.102	***	par_35
e8	1.363	0.118	11.109	***	par_36
e7	0.908	0.112	8.536	***	par_37
e6	1.251	0.112	11.618	***	par_38
e5	1.542	0.128	11.548	***	par_39
e4	2.468	0.195	13.12	***	par_40
e3	2.676	0.7196	13.275	***	par_41
e2	0.846	0.086	9.142	***	par_42
e1	0.595	0.075	7.322	***	par_43
e18	1.058	0.086	11.691	***	par_44
e17	0.548	0.057	9.024	***	par_45
e16	0.421	0.048	7.831	***	par_46
e24	3.471	0.293	11.494	***	par_47
e23	1.702	0.263	6.575	***	par_48
e22	3.370	0.279	11.882	***	par_49
e15	0.379	0.652	0.583	0.524	par_50
e14	0.85	0.624	1.613	0.136	par_51

注:表中的"*"代表了其显著水平在 0.01 以上

4.4.2.3 初始模型评价

我们在评价模型的时候,第一要务就是要观察这个模型的估计参数是不是具有一定的统一含义,这就要对模型中估计得到的参数进行结构化检验,也就是说,对两个基本系数的显著性进行检验。在软件 Amos18.0 中,也拥有了一个专门的参量检验的参数,那就是 CR(Critical Ratio),它的具体计算方法是,用非标准化方式得到的参数估计值除以它的标准差值,并与 P 值是相互对应的,然后对 P 值进行比较,就可以检验出,估计得到的两个参数值在统计学上的显著性是不是合理的。这样的方法也同回归分析中进行的 t 检验方式很相像,最初我们也要假定载荷系数在非标准化情况下的值是 0。

从表 4-28 中的具体详细数据中我们可以看到,支持政策与资金来源之间的非标准化路径系数值大小是 0.460,标准差的大小是 0.069,对应的 CR 值大小是6.334,这样计算出来的 P 值就会比 0.01 要小,因此可以得到这样的结论,那就是,此时的路径系数对于置信度为 95% 时,其显著性是很强的。

类似的思路,我们分别可以对另外的四条路径的显著性一一进行检验。最后的结果表明,这四条路径的显著性都很弱。而这里面路径中有三条都同创新能力有着很强的关联,于是就可以考虑在接下来的模型修正过程中将创新能力这一个潜变量给删除掉,于是就对相关路径实施了修改。

然后同样也可以分析表 4-29 中的方差估计结果,结果发现了,其中显著性很弱的有两条路径,分别是 e14 与 e15,这样的结果也更加证实了上述关于对创新能力这个潜变量进行删除处理是正确的。

4.4.2.4 模型拟合评价

常见的验证性分析方法有很多,其中最具代表性的就是结构方程模型(SEM),每次在对相关的参数实行估计以后,都必须使用相关的模型来对其拟合的效果进行评价,进一步对模型的合理性展开验证。这方面衡量的一个重要参量指标就是拟合指数。

Marsh 等人通过研究,把这种拟合指数进行了划分,具体来说形成了三种类型的拟合指数,一个是相对指数(relative index),然后就是简约指数(parsimony index),还有一个就是绝对指数(absolute index)。常见的一些拟合指数有 GFI(Goodness of Fit Index),RMR(Root Mean square Residual),CFI(Comparison Fit Index),以及 PFI(Parsimonious Fit Index)等。而在文中的此次研究,笔者在对模型进行评价时,选取的拟合指数有 7 个,它们分别是 X_2、GFI、$AGFI$、NFI、IFI、CFI、$RMSEA$。下面对这 7 个指数分别进行简单的介绍。

(1) X_2(卡方)。当计算得到的显著性水平值比 0.05 大时,那就说明了,实际观测的数据与原先假设的模型之间存在的拟合程度较高。然而,使用卡方估计时,它对样本集的数量整体上具有很高的灵敏度,这样的话,就很容易造成这样的问题,当样本集的数量偏小时,可能观测的实际数据会同假设模型非常吻合,但是当样本集很大的时候,假设模型就不再适应了。由于这种敏感度过高的情况存在,那就需要在使用卡方的时候要充分与自由度相结合。计算出 X_2 与 df 的比值,其大小与 0 越接近,那就越能说明,实际的观测数据同假设模型之间存在的拟合度越高,同时模型的协方差矩阵也会越能与观测时相匹配。Carmines 等人在自己的研究中证明了,当卡方自由度的大小比 2 小,那就可以说明假设的模型具有很高的适配度。

(2) GFI(Goodness of Fit Index)。其中文名称叫做拟合优度指数,其主要的作用是对观测数据的协方差与假设模型之间进行解释的一个量。当这个假设模型与其适配的程度表现比较高的时候,那样的指数值也就与 1 越接近,说明了模型具有较高的拟合度,相反而当该指数值与 1 越接近的话,那就说明了模型在拟合度上很差。普遍认为,只有 GFI 值位于 0.9 以上的时候才说明模型是具有良好适配度的,而且其值越大越好。

(3) $AGFI$(Adjusted Goodness of Fit Index)。其中文名字叫做调整拟合优度指数,采用自由度除以变项的数量值,然后再通过变形这样就得了调整后的 GFI 值,这个值与 GFI 值之间呈现正向关系,但是其值大小会比 GFI 要小。普遍认为,只有 $AGFI$ 值位于 0.9 以上的时候才说明模型是具有良好适配度的,而且其值越大越好。

(4) NFI(Normed Fit Index)。其中文名字叫做标准拟合指数,主要是用来衡量对假设模型与独立模型的卡方值比例,通过缩小得到的,它的自由度无法得到控制,另外,样本的平均值大小很大程度上会由样本的规模来决定。普遍认为,只有 NFI 值位于 0.9 以上的时候才说明模型是具有良好适配度的,而且其值越大越好。

(5) IFI(Increment Fit Index)。其中文名字叫做增值拟合指数。主要用来衡量基准线模型与假设模型之间的拟合程度,这样的方法可以在一定程度上会让样本均值与其规模之间的关系变得不那么密切,可以说是对 NFI 方法的一种升级。普遍认为,只有 IFI 值位于 0.9 以上的时候才说明模型是具有良好适配度的,而且其值越大越好。

（6）*CFI*（Comparative Fit Index）。其中文名字叫做比较拟合指数，主要是用来衡量独立模型同假设模型之间的拟合程度，并且可以在一定程度上与样本的数量关系不大。根据 Bentler 的研究，其结果显示，当样本的数量很少的时候，采用 *CFI* 的值也是相对保持稳定的。普遍认为，只有 *CFI* 值位于 0.9 以上的时候才说明模型是具有良好适配度的，而且其值越大越好。

（7）*RMSEA*（Root Mean Spuare Error of Approximation）。其中文名字叫做近似误差均方根，主要是用来衡量完美拟合模型与假设模型之间的匹配程度是怎样的。这个拟合指标往往被大家视为一种最为重要的指标，因为它不仅会与样本总量之间没有很大关系，而且还会与卡方值之间比较稳定保持联系。但是它也有一个缺点，那就是对错误模型响应程度会比较大，这样也就能对模型的质量来进行反映。普遍认为，当 *RMSEA* 值在 0.05 以下时，说明模型的拟合程度较高，当 *RMSEA* 值在 0.05 到 0.08 之间的时候，说明模型的拟合程度良好，当 *RMSEA* 值在 0.08 到 0.1 之间的时候，说明模型的拟合程度一般，而当 *RMSEA* 值在 0.1 以上的时候，那这个模型的拟合就已经比较差了。通过对图 4 - 1 中邮轮产业中的各个因素建立起来的成长机制模型，通过具体的拟合计算，就得到了相应的拟合指数值，并将它们都在表 4 - 30 中进行详细展示，其结果表明，它们的模型拟合程度较差，对于模型还应该继续进行修正才行。

表 4 - 30　常用拟合指数指标

拟合指数	卡方值（自由度）	*GFI*	*AGFI*	*NFI*	*IFI*	*CFI*	*RMSEA*
结果	999.885(180)	0.801	0.781	0.901	0.758	0.921	0.112

4.4.3　结构模型的修正

4.4.3.1　模型修正指标

之所以最开始建立的模型存在某些方面不足，其主要的原因是因为参与此次研究的人员在专业知识与理论研究水平上还有待提高，再加上模型与采集的样本数量等也会影响到模型的拟合，这样就会加大潜变量之间的差距，得到的样本观测数据也会出现很多的差错。所以，我们在研究有关的结构方程时，还需要对假设模型实施一定的修正处理，对那些拟合指数偏差效果较多的假设模型展开更多的修改与完善。利用文中计算出来的模型参数检验结果值,也就是所谓的 CR 值,即临界比率,另外还有就是模型的一个修正指数值 MI,下面分别对这两个指标分别进行模型的扩展与限制。

对于临界比率(CR),主要是用在限制模型方面,使用该指标值可以对所要评估的参数进行评价,找到二者的显著性差异情况,判断出到底应不应该对它们的值进行赋值处理。所谓的模型限制,就是指将某些路径采取限制措施,或者直接删掉,这样将有助于假设模型的简化。MI 指的是模型的修正值,主要用来表示当模型参数在降低卡方值的情况下,修正值变大,可以将模型进行扩展。而所谓的模型扩展,就是指对路径进行添加或者释放,这样可以促进模型在结构上会更加的合理化。我们在对 MI 值进行计算时,最初是从其最大值出发的,然后对其中的每个参数依次进行修改。但是在修改的过程中也要充分对它的理论与实践额价值都考虑进去。这样,修正模型在本质上就是为了找到一个同实际模型拟合度更高的模型,具体来说,可以采用下面的几种方法来进行对模型的修正。比方说,让内生变量保持不变,主要通过改变外生变量来进行对变量数量的改变,对测量误差的协方差进行修正,或者对载荷的协方差进行改变等等。

4.4.3.2　潜变量、观察变量以及路径修正

1)潜变量的调整

根据对模型中参数的显著性进行检验,其结果在表 4 - 28 和表 4 - 29 中进行了展示,其中检验的参数主要是载荷系数、路径还有就是方差估计。最后的结果说明测量方程与创新能力的结构方程,它们的系数显著性均表现很弱,但是资金来源的路径上却表现出了很强的显著性。

在表 4 - 29 中,对测量方程中的方差估计进行比较可以发现,方差估计中的 e14 与 e15 的置信 95% 中的显著性很弱。对于结构方程,创新能力同标准化的整合能力之间的系数值大小为 -0.079,而 CR 值大小是 -0.791,P 值的大小是 0.429,所以看得出,它们的路径系数拥有的显著性很弱;而对技术创新能力这条路径实施标准化后,发现其系数变成了 -0.003,而 CR 值的大小是 -1.271,P 值的大小是 0.204,于是就可以认为它们的路径系数拥有的显著性也很弱;另外,对于政策支持同创新能力之间通过标准化后的系数值是 -0.025,而 CR 值与 P 值分别是 $-0.056,0.955$,所以也可以认为它们的路径系数拥有的显著性也很弱的。总的来看,前文中做出的假设中被拒绝的就是 H7、H8 以及 H2。

根据当前的现实,政策可以积极促进创新能力的提升,而创新能力可以积极促

进企业的资源整合,而技术人才可以积极促进创新能力的提升,但是这些作用体现得并不鲜明。于是在假设结构中模型中,我们就把创新能力这个潜变量给删掉了,同时将资金来源这个潜变量,还有技术人才,以及整合能力,把它们的路径都增加进来。在图 4-3 中展示的是通过修改以后形成的邮轮产业企业成长动力机制结构模型。

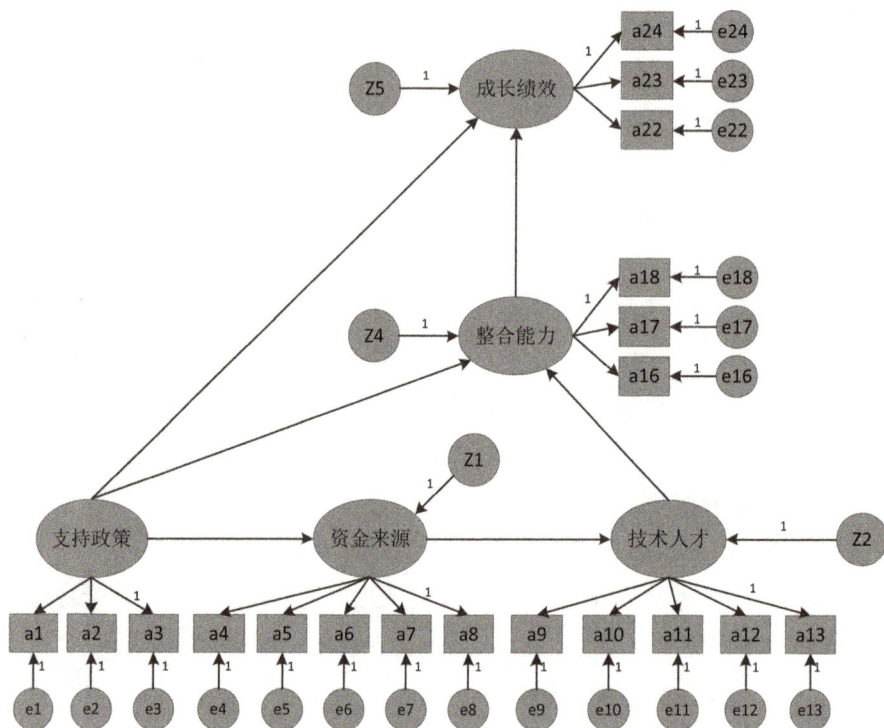

图 4-3 邮轮产业企业成长动力机制的修正结构模型 I

利用图中的修正结构模型 I,然后在软件 AMOS 中,采用的估计方法是极大似然估计法 ML,通过计算就可以得到拟合指数值,其结果在表 4-31 中具体进行展示。

表 4-31 常用拟合指数指标

拟合指数	卡方值(自由度)	GFI	AGFI	NFI	IFI	CFI	RMSEA
结果	794.204(145)	0.758	0.836	0.82	0.868	0.857	0.112

根据上述图 4-3 中的模型,然后进行计算。从表 4-30 与表 4-31 中的结果中可以发现,它们的卡方值下降了不少,并发现了其自由度也在下降,但是其他的拟合指数中也有在上升的,如 GFI、NFI、IFI、CFI,但是只有 RMSEA 却降低比较明显。这样可以明显发现,这些拟合指数已经取得了很好的改善作用,可是也发现与理想模型中的相关数据差距还是比较大的。

2)增减路径

在上述的修正模型 MI 中,两个可测变量通过协方差的修正 ,然后加上一条有关的路径,那样就将它的卡方值降低了;如果在这两个变量之间对路径进行添加,以此来降低其卡方大小,也就是说建立了权重回归的一个指数,叫做修正指数。

从图中的 MI 模型的估计结果上进行分析,具体的结果如下,政策支持与技术人才之间形成的 MI 值大小是 171.866,说明了对政策到技术人才之间的路径应该适当增加,其结果中的模型卡方值却在下降,下降的幅度达到了 171.866。联系到现实情况,对于邮轮产业的发展,可以适当增加技术人才的培养力度,以及加强对技术上的创新力度,并对它们之间的政策进行支持,也就是说,相关的政策支持也可以极大促进邮轮产业的发展,其产生的作用也是正向相关的。而在图 4-4 中将相关的因果路径情况都进行了展示。

在图 4-4 中展示的是关于邮轮产业企业成长的第二个动力机制修正结构模型 Ⅱ,然后在软件 AMOS 中,采用的估计方法是极大似然估计法 ML,通过计算就可以得到拟合指数值,其结果在表 4-32 与表 4-33 中具体进行展示。

表 4-32　常用拟合指数指标

拟合指数	卡方值(自由度)	GFI	AGFI	NFI	IFI	CFI	RMSEA
结果	494.442(144)	0.868	0.825	0.907	0.944	0.940	0.081

表 4-33　不显著的估计参数

	非标准化系数	S.E.	C.R.	P	Label	路径系数
成长绩效<——支持政策	0.257	0.138	1.822	0.071	par_19	0.211

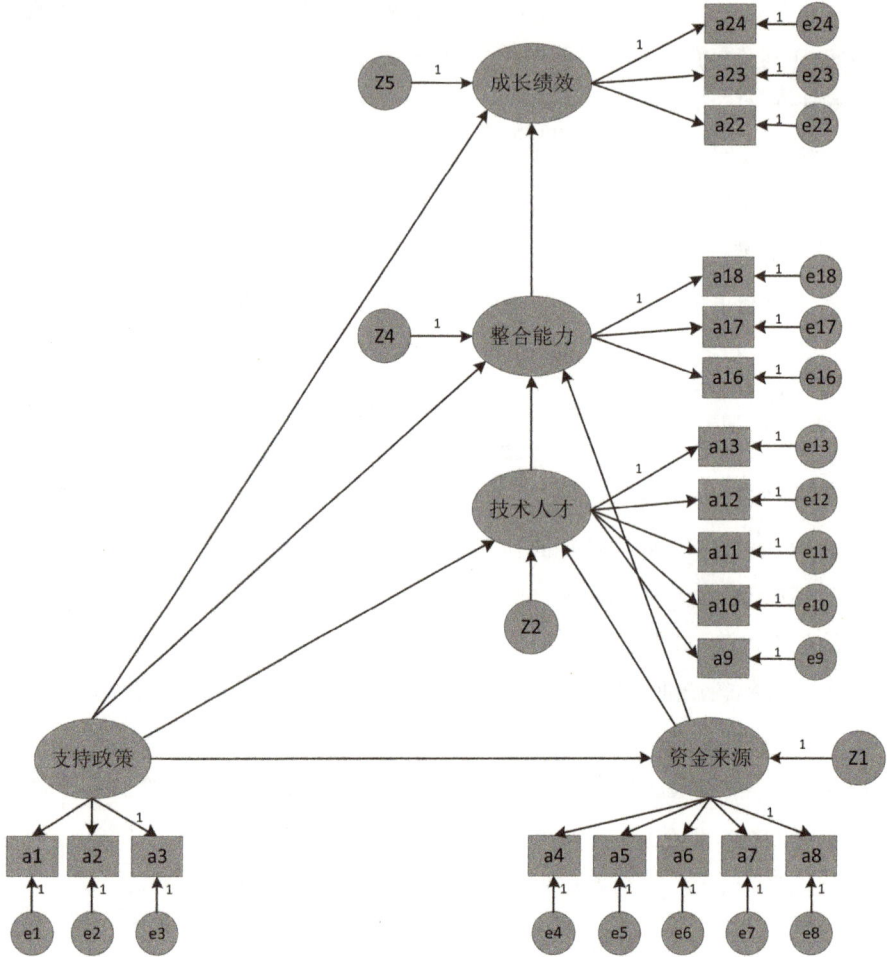

图 4-4 邮轮产业企业成长动力机制的修正结构模型 Ⅱ

从上述两个表格中的数据进行分析,我们可以发现,它们的卡方值出现了较大程度的降低,同时下降的还有 X_2 与 df 的比值,其下降的具体幅度值达到了3.441;而对于另外的四个拟合指数 **NFI**、**IFI**、**CFI**、**RMSEA**,它们的大小分别是 0.907,0.944,0.940,0.081,说明了它们的要求是满足了的;而对于另外两个拟合指数 **GFI**、**AGFI**,它们的大小分别变成了 0.868,0.825,说明了这两个模型的拟合指数并未达到相关的要求。

根据表 4-33 中的具体结果,我们可以知道,在模型 Ⅱ 中,只有一个路径系数的显著水平比较弱,那就是支持政策同成长绩效之间产生的路径,但是其余的路径中都表现出了很强的显著性。具体来说,对于支持政策同成长绩效之间产生的路径,通过标准化处理后得到的系数值是 0.202,CR 值与 P 值分别是 1.817 与 0.069,其中 CR 的绝对值明显比 1.96 要小,而 P 值却比 0.01 要大,于是就可以认为它们这条路径的显著性很弱。将其联系到实际的邮轮产业中,那就是将这种新兴产业与国家的政策支持联系到了一起,其中会存在一定的滞后影响,也就是说,只有先出台了相关的支持政策,然后才会有邮轮产业的绩效提升,然后对于邮轮产业的资金来源,以及相关的技术人才等,它们都会与相关的支持政策之间形成良好的促进,进而积极影响着产业的成长。另外,节能对于很多的市场经济国家而言,他也将成为一种商品,因此对节能的开发也可以成为一种产业,于是在分析邮轮产业的时候,可以将它们视作某种市场化的节能机制来处理,因此,如果单单靠政策的支持,邮轮农业的发展依然还是难以快速成长的。所以我们就将政策的支持这样一条路径给删掉了,并建立了修正后的邮轮产业企业成长动力机制模型Ⅲ,具体可以在图 4 - 5 中进行展示。

在图 4 - 5 中展示的是关于邮轮产业企业成长的第三个动力机制修正结构模型Ⅲ,然后在软件 AMOS 中,采用的估计方法是极大似然估计法 ML,通过计算就可以得到拟合指数值,其结果在表 4 - 34 中具体进行展示。

表 4 - 34　常用拟合指数指标

拟合指数	卡方值(自由度)	AGFI	NFI	IFI	CFI	RMSEA
结果	499.242(146)	0820	0.900	0.917	0.917	0.076

邮轮产业企业有关动力的修正结构模型中的参数都是在 0.01 这个数值水平以下的,CR 值快接近 2,也就是有较高的置信度。从上面的图表可以看出,结构模型经过修改后自由度变化不大,各指标也基本恒定不变,拟合优度指标也很稳定,但是模型路径少,模型也比较简单,这符合相关的修正原则。

3)去掉相关的修正变量

技术人才方面的观察变量相关的载荷系数是所有载荷系数中最低的,根据实际情况,邮轮相关产业的改变与否和当地产品的研发与制造水平高低关系不大,改变观察变量对人才变量的解释的可能性不大,所以应该去掉相关的观察变量,去掉该变量后,运用极大似然估计拟合估计参数如表 4 - 35 所示。

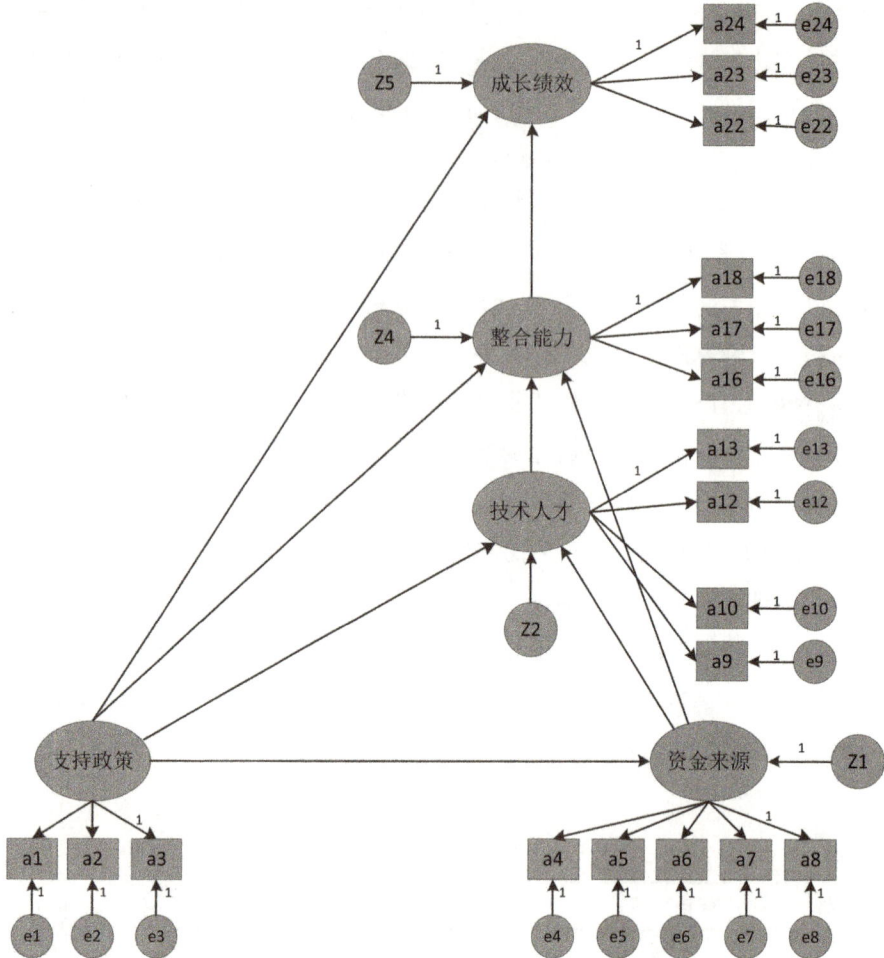

图 4 - 5　邮轮产业企业成长动力机制的修正结构模型 Ⅲ

表 4 - 35　常用拟合指数指标

拟合指数	卡方值（自由度）	GFI	AGFI	NFI	IFI	CFI	RMSEA
结果	376.536(129)	0.852	0.867	0.912	0.963	0.963	0.070

　　从上面的两个表可以看出，修正后的自由度减少了很多，表里面的很多指数指标都改善了很多，这个模型的参数在比较高的置信度之下很明显，相关的潜变量上的因子载荷系数变大了，但是这种拟合度与希望的情况还是有一定的距离，所以还需要进一步的修改。

4）对相关误差路径进行修改

这个研究根据误差的相关的协方差对相关的模型进行修正，通过模型修正系数进行估计之后就会发现 e13、e12 之间的修正指数是非常大的，考虑到相关的路径，为减少自由度可以增加误差相关路径。根据实际情况来说，邮轮产业招聘相关人才的计划和相关的培训工作有很大的关系，如果相关企业招不到有关的人才，那么后续的培训管理工作也无从谈起。所以说还是有必要增加 e13、e12 误差之间的距离。

根据相关的模型结构方程的估计结果就会发现 e7、e8 的模型修正指数是最大的，超过二十五，考虑到他们之间的相关路径，可以通过增加误差的相关路径来减少自由度，要想使风投还有融资租赁等方面的融资变得容易可以与邮轮产业的配套的其他融资渠道相融合，相反就会使上述的融资渠道变得比较困难，两者之间的联系很大，所以增加了 e7、e8 之间的距离。

对相关的模型进行修正后就会发现 e17、e18 之间的修正系数还是比较大的，为十三点多，考虑到他们之间的相关距离，可以通过增加相关路径的误差来减少自由度，从实际情况来看，邮轮产业企业要想获得相关的信息并能获取相关的资源这样做必然会影响到这个产业相关的资源配置，信息平台如果不流通，就会造成信息不对称，对这个行业的资源配置能力就会受到影响，所以要增加它们两者之间的距离。

通过相关的模型修正之后，就会发现 e2、e3 之间的修正系数比较大，为十二点多，考虑到他们之间的相关路径，可以通过增加相应的误差来减少模型自由度，从现实的角度出发，邮轮产业要想使这个行业的制度建立并且能够促进这个行业的健康发展就需要对国家的相关政策进行执行，并且服从监督，所以还是要增加 e2、e3 之间的相关距离和路径。

相关的模型方程对相关的结果进行估计，就会发现 e10、e12 之间的模型修正系数是最大的，为四点多，鉴于它们之间相关距离，就要通过增加误差路径来减少相关的自由度。从实际情况来看，邮轮产业对能否招聘到企业满意的人才，对与相关的高校和科研单位之间的合作影响不大，所以说不增加 e10、e12 之间误差的相关距离。

通过对相关的模型修正指数进行修正后邮轮产业的成长动力模型如图 4－6 所示。

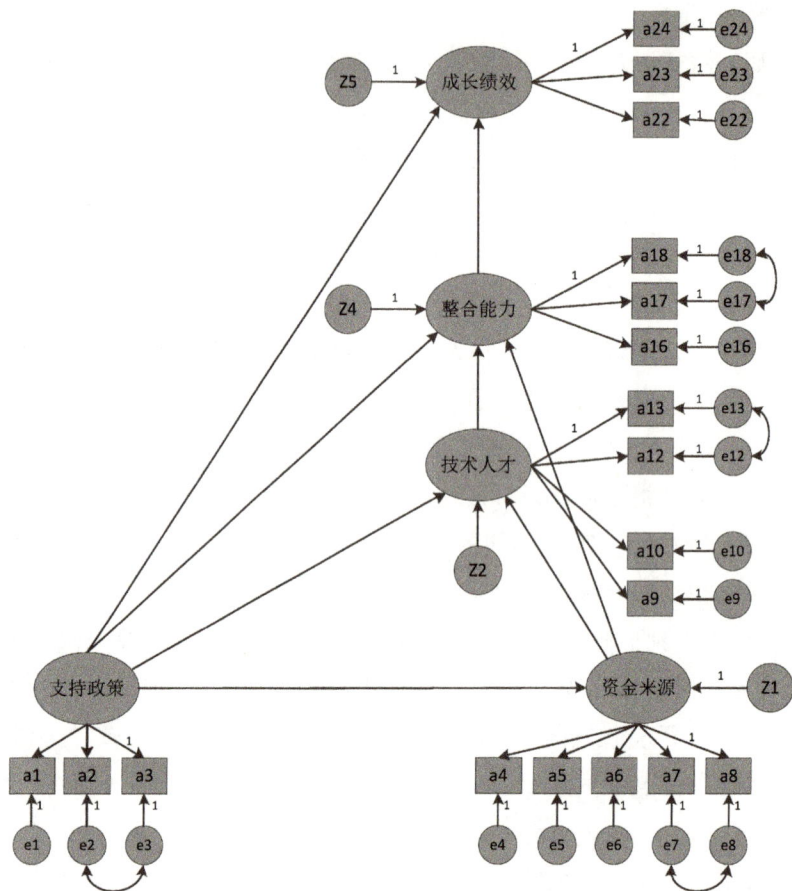

图 4 - 6   邮轮产业相关的结构模型 Ⅳ

根据相关的模型可以在 AMOS 中运用相关极大似然估计来估计相关的参数如表 4 - 36 所示。

表 4 - 36   常用拟合指数图表

拟合指数	卡方值（自由度）	GFI	AGFI	NFI	IFI	CFI	RMSEA
结果	265.013（125）	0.902	0.900	0.967	0.983	0.983	0.070

通过上面表可知，修正后结构方程的模型卡方值变为 260 多，卡方自由度变为两点多，很接近最优的那个指标，相关的拟合指标也达到最优，*RMSEA* 达到了良

好的拟合要求,模型在快接近百分之百的置信度也很显著,所以可以考虑其他方法增加产业结构模型的适配度。

5) 对模型限制进行修正

根据临界比率来对测量方程之间的差别进行判别,也可以对测量方程随机项之间的差别进行判断,以及结构方程间的系数之间的差别也可以判别,当参数间不存在差异的话,就把他们设定为相等的,当相应的临界比率大于 2 时,就要对模型限制进行修正。

邮轮产业企业成长结构模型的临界比率中,par_44、par_45 对应的临界比率为 -0.02,它的绝对值要远小于 2,对应误差 e22、e24 的估计方差没有太明显的区别,方差值都为 $V2$,将所有的区别不明显的参数都设置为相同值,最后得到拟合度最好的邮轮产业企业成长机制结构模型如图 4-7 所示。

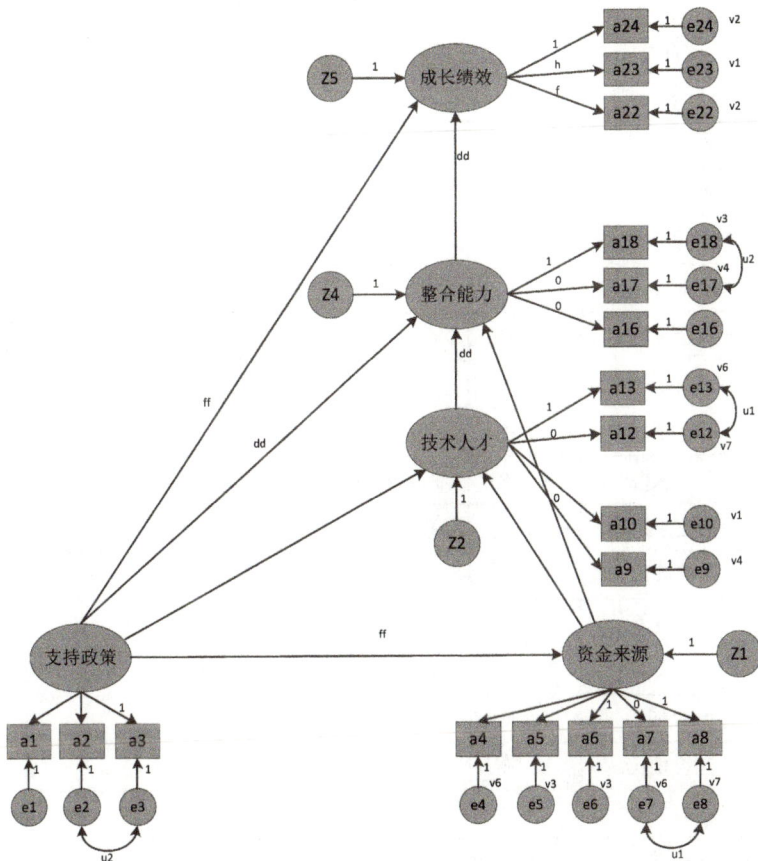

图 4-7　最优邮轮产业企业成长动力机制结构模型

根据相关企业成长模型,在 AMOS18.0 中运用极大似然估计进行相关估计,得到一系列的相关系数如表 4 - 37 所示,相关的协方差和系数如表 4 - 38 所示,方差估计结果如表 4 - 39 所示,部分估计参数的拟合值如表 4 - 40 所示。

表 4 - 37　路径、载荷系数估计结果

	非标准化系数	S.E.	C.R.	P	Label	标准化回归系数
资金来源＜－－支持政策	0.400	0.06	8.501	***	ff	0.396
技术人才＜－－资金来源	0.323	0.035	9.300	***	par_19	0.300
技术人才＜－－支持政策	0.829	0.032	24.400	***	dd	0.779
整合能力＜－－支持政策	0.400	0.06	8.500	***	ff	0.317
整合能力＜－－技术人才	0.829	0.032	24.315	***	dd	0.649
整合能力＜－－资金来源	0.300	0.032	9.500	***	par_20	0.301
成长绩效＜－－整合能力	0.800	0.035	24.400	***	dd	0.769
a13＜－－技术人才	1.000					0.689
a12＜－－技术人才	1.219	0.059	19.800	***	g	0.789
a10＜－－技术人才	1.119	0.069	16.900	***	par_15	0.778
a9＜－－技术人才	1.300	0.059	21.654	***	h	0.900
a8＜－－资金来源	1.000					0.719
a7＜－－资金来源	1.189	0.049	22.100	***	g	0.90
a6＜－－资金来源	0.969	0.059	15.800	***	f	0.799
a5＜－－资金来源	1.113	0.070	16.200	***	par_16	0.800
a4＜－－资金来源	0.90	0.08	12.54	***	par_17	0.654
a3＜－－支持政策	1.000					0.621
a2＜－－支持政策	1.380	0.069	17.700	***	g	0.900
a1＜－－支持政策	1.380	0.080	16.950	***	par_18	0.900
a18＜－－整合能力	1.000					0.801
a17＜－－整合能力	1.100	0.030	32.960	***	g	0.900
a16＜－－整合能力	1.110	0.030	32.300	***	g	0.960
a24＜－－成长绩效	1.000					0.730

（续表）

	非标准化系数	S.E.	C.R.	P	Label	标准化回归系数
a23＜－－成长绩效	1.098	0.060	17.200	***	h	0.850
a22＜－－成长绩效	0.820	0.060	12.900	***	f	0.660

注："***"表示 0.01 水平上显著。

表 4 - 38　误差变量相关系数、协方差

	协方差	S.E.	C.R.	P	Label	相关系数
e8＜－＞e7	0.710	0.080	9.40	***	u1	0.500
e18＜－＞e17	0.300	0.062	5.812	***	u2	0.341
e13＜－＞e12	0.710	0.080	9.40	***	u1	0.330
e3＜－＞e2	0.300	0.054	5.740	***	u2	0.190

注："***"表示 0.01 水平上显著。

表 4 - 39　方差估计结果

	方差	S.E.	C.R.	P	Label
支持政策	1.900	0.250	7.700	***	par_21
z1	1.960	0.249	8.100	***	par_22
z2	0.500	0.080	6.800	***	par_23
z4	0.412	0.060	6.60	***	par_24
z5	1.600	0.234	7.040	***	par_25
e13	2.420	0.130	19.310	***	v5
e12	1.90	0.100	17.149	***	v7
e10	1.760	0.130	14.500	***	v1
e9	0.741	0.050	13.900	***	v4
e8	1.929	0.100	17.200	***	v7
e7	1.200	0.080	16.050	***	v6
e6	1.200	0.080	16.050	***	v6
e5	1.300	0.080	16.100	***	v3

（续表）

	方差	S.E.	C.R.	P	Label
e4	2.420	0.130	19.300	***	v5
e18	1.300	0.080	16.100	***	v3
e17	0.744	0.060	13.900	***	v4
e24	3.370	0.200	16.707	***	v2
e23	1.841	0.100	14.400	***	v1
e22	3.400	0.200	16.700	***	v2
e3	2.831	0.200	13.949	***	par_26
e2	0.890	0.090	9.919	***	par_27
e1	0.532	0.079	6.747	***	par_28
e16	0.314	0.052	6.219	***	par_29

注："***"表示 0.01 水平上显著。

表 4 - 40　常用拟合指数指标

拟合指数	卡方值（自由度）	GFI	AGFI	NFI	IFI	CFI	RMSEA
结果	282.797(142)	0.919	0.900	0.950	0.969	0.969	0.053

　　从以上三个表格中可以很明显地看出,邮轮行业的最优参数模型从误差变量相关路径系数、载荷系数等方面进行了显著性检验,这个模型中的各个参数在 0.01 的水平上达到了明显的水平。从表 4 - 40 可以看出这个模型的自由度为 280 多,很明显数值有所增大,但是当把自由度提高到 140,卡方自由度接近 2 的时候就符合了适配标准,达到了最优的拟合指标,其他相关的拟合指标也介于 0.904 到 0.973 之间,属于最优拟合指标区间,RMSEA 也达到了最优拟合度指标的相关要求。

　　总结前面的统计结果和检验结论可以看出,采集到的原始样本数据和本书搭建的模型还是有着不错的匹配表现,这也表明了搭建的产业动力因素模型本身的适应度比较高。

4.4.4　动力因素作用机理

　　回顾本章的工作,首先对问卷调查采集到的原始数据进行了信度校验,对各潜变量进行相应的调整,删除了信度不合格的潜变量和测量题目;之后,再对剩下的潜变量进行第二轮的效度检验,并根据检验的结果来搭建出合适的结构方程模型;最后,使用软件对搭建好的结构方程模型进行合理的调整和校正,从而提高结构方程模型和原始样本数据之间的拟合度。最后得出一个结论:政策支撑、资金筹集、专业人才和技术和市场潜力这四个潜变量和成长绩效潜变量之间是有着正相关性的,且相关程度较高。最终,我们根据各项校验的结果可以知道,最初的假设理论中仅有 H1、H3、H5、H9 四个假设有校验数据支撑;而 H2、H4、H6、H8、H10、H11 六个假设和校验数据产生矛盾被否定了;同时,增加了假设理论 H12,代表政策支撑对专业人才和技术的影响程度;增加了假设理论 H13,表示资金筹集对市场潜力的影响程度;增加了假设理论 H14,表示专业人才和技术对市场潜力的影响程度;根据以上个理论假设代表的相互影响和相关,最后总结出一张各潜变量相互影响的机理图,具体如图 4-8 所示,相互影响数据如表 4-37 所示。

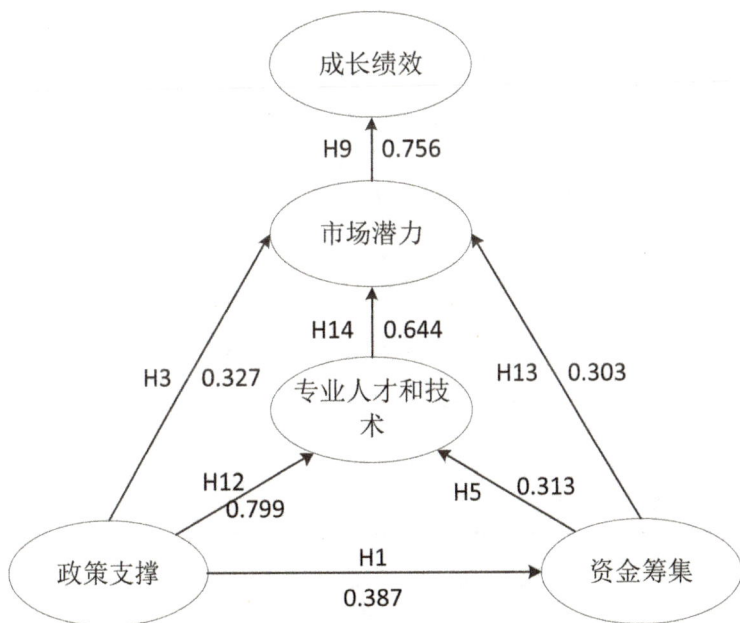

图 4-8　各潜变量的相互作用机理

在信度校验中,组织效率这个潜变量不满足信度条件被取消掉了,在接下来的结构方程模型校正中有排除了创新应用这个潜变量,也就是说仅剩下五个潜变量。结合我国当前的邮轮产业实际情况来看,当前的产业发展历史较短,市场竞争比较平缓,难以产生规模较大的行业寡头。而根据贺守海等学者的研究可以知道,行业寡头的产生对企业组织能力的提升有着促进作用,但是我国当前市场并未形成这种寡头独占的市场结构,所以组织效率就被从模型中删除了。而再来看创新应用,基本的经济学理论中一直认为创新可以对企业的成长产生庞大的助推作用,但是实际上这种助推作用并不是实时产生的,而是有这一个延迟的反应。王玉春等学者就对某上市公司的创新进行过研究,其结果表明企业当期的主营业务并未到创新带来的良好的增长反馈。正是由于这种延迟反馈和不同时期创新带来的效果差异导致了在校验中数据并未反馈出创新应用对邮轮产业成长的助推作用,所以创新应用也被砍掉了。

4.4.5 动力因素作用效果分析

各潜变量之间的作用效果在结合图4-7和4-8之后可以得出,具体分析如表4-41所示。

在表4-41中,分为三种形式的影响效果:直接效果、间接效果和总效果。其中直接效果表示的是不通过中介,两者之间直接相互影响的效果程度;间接效果指的是通过其他中间的潜变量来间接影响另一个潜变量的效果程度,两者之间没有直接影响效果。总效果则代表直接效果和简介效果相加产生的效果,不管是直接效果还是间接的效果,只要是两个潜变量之间存在的影响关系就包含在总效果之内。

表 4-41 动力因素作用效果表

动力因素		政策支撑	资金筹集	专业人才和技术	市场潜力
资金筹集	直接效果	0.387			
	间接效果				
	总效果	0.387			
专业技术和人才	直接效果	0.799	0.313		
	间接效果	0.121			
	总效果	0.83	0.313		

（续表）

动力因素		政策支撑	资金筹集	专业人才和技术	市场潜力
市场潜力	直接效果	0.327	0.303	0.644	
	间接效果	0.548	0.202		
	总效果	0.875	0.505	0.644	
成长绩效	直接效果				0.756
	间接效果	0.784	0.381	0.487	
	总效果	0.784	0.381	0.487	0.756

从上表中可以看出，政策支撑这个潜变量对企业的成长绩效并未产生直接的影响效果，但却是有间接影响效果的，而且这个影响效果还十分的大，其值达到了0.784，这在整个表格中都是属于影响效果值较高的。该值代表的含义为政策支撑潜变量每提升一个单位，那么企业的成长绩效将会提升0.784个单位，这就直观地量化了政策支撑潜变量对企业成长的重要程度。而这么高的影响值也表明我国目前的邮轮企业成长还十分依赖国家的政策支撑。

市场潜力这个潜变量对企业的成长绩效有着直接的影响效果，并且影响效果系数高达0.756，也是有着十分巨大的影响。该值代表的含义为市场潜力潜变量每提升一个单位，那么企业的成长绩效将会提升0.756个单位。再来看其他潜变量对市场潜力的影响效果系数，政策支撑对市场潜力的影响总效果值为0.875，资金筹集对市场潜力的影响总效果值为0.505，专业人才和技术对市场潜力的影响总效果值为0.644。综合归纳后可以得出，市场潜力对于邮轮企业的成长也有着庞大的驱动作用，这种驱动力仅次于政策支撑带来的驱动力，这也说明了市场潜力的庞大有待企业的进一步挖掘和发现。

专业人才和技术对于企业的成长也是有着一定的驱动力的，这个从表中的数据就可以看出。专业人才和技术对成长绩效没有直接影响效果，但是间接影响效果值达到了0.487，而其对市场潜力的影响直接效果值为0.644，这就表明了虽然专业人才和技术无法直接影响企业的成长，但是可以通过转化为市场的潜力，间接地给企业的成长和发展产生动力。

邮轮企业在发展和成长的过程中本身就需要庞大的资金流来支撑业务运转，这时资金的筹集就显得尤为重要了，如果企业拥有多渠道的资金筹集手段，那么就能解决资金短缺带来的忧患。从表中可以看到,资金筹集对成长绩效也没有直接影响,但是间接影响效果值为 0.381,同时资金筹集对于市场潜力的直接影响效果值为 0.303,间接影响效果值为 0.202,总效果值达到了 0.505,这也表明了资金筹集对于市场潜力的发展和企业的成长都是至关重要的,促进企业的发展离不开多渠道的资金筹集手段。

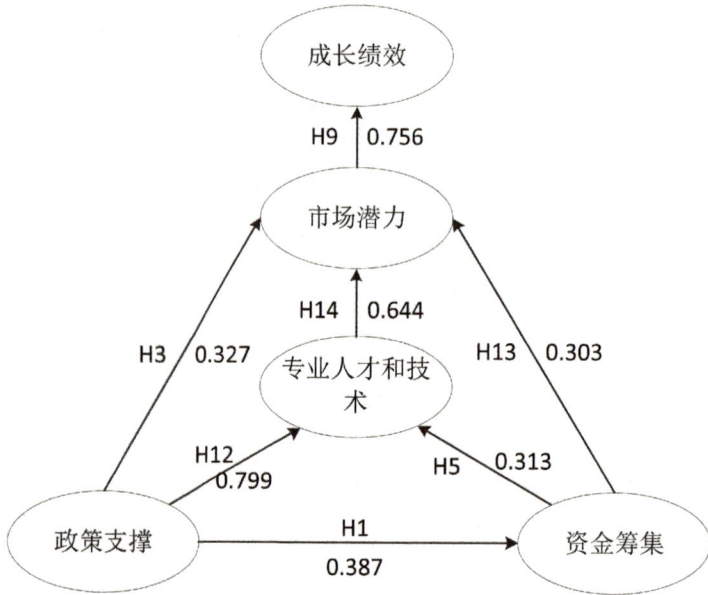

图 4 - 9 成长动力因素作用机理

4.5 本章小结

本章的主要工作在于搭建了邮轮产业成长因素动力模型,模型中列出了对企业成长可能产生影响的七大潜在因素,分别为:政策支撑、资金筹集、专业人才和技术、创新应用、市场潜力、组织效率、成长绩效。给出的七大潜在因素中,前六种都是影响因素,最后一种为结果变量,受到前六种的潜在因素的影响。然后,通过自我设计的调查问卷收集了和邮轮企业成长相关的数据,经过合理的处理和排除后得到了需要的原始样本数据。再利用 SPSS22.0 软件对原始样本数据进行了各方面校验,在通过验证后对不同的潜在因素之间的相互关系进行了分析和解释。最后,通过 AMOS18.0 软件结合样本数据对结构方程模型进行了一定程度上的矫正,提高模型和数据的拟合程度,并基于修正后的模型给出了剩余潜在因素的影响效果,也结合实际进行了相应的解释。

第 5 章

基于文化创意要素的我国邮轮产业发展的成长路径设计

本章基于文化创意要素对我国邮轮产业发展的成长路径进行设计，通过借鉴国外经验及实证结果进行发展方案设计，提出基本思路，为政府、企业、邮轮港口提供对策建议。

5.1 借鉴国外文化创意旅游的成功经验

5.1.1 美国创意旅游业的发展

美国创意旅游业主要体现在主题公园和影视旅游。美国是世界主题公园的先驱，目前拥有六家主要的连锁主题公园，其中最成功的品牌是华特迪士尼主题公园，其他较为知名的主题公园有海洋世界娱乐集团、环球影城娱乐集团等。影视旅游是电影业与旅游业的融合，影视旅游主题公园是典型的影视旅游产品，实现了旅游业与电影业的完美结合，不仅提升了影视产品的拍摄制作效果，同时又集聚了旅游人气。好莱坞环球影城的建成标志着影视旅游的兴起，美国凭借好莱坞的知名度，造就了环球影城影视旅游主题公园的成功，带来了巨大的经济效益。

5.1.2 美国创意旅游业发展的成功经验

5.1.2.1 科技＋创意，创新旅游产品

美国创意产业实现了科技与创意的融合，以迪士尼主题公园为例，迪士尼的成功主要依靠科技与创意要素与旅游主题乐园的融合，促进了产品的升级换代，提升对游客的吸引力。迪士尼乐园中很多产品都是得益于高科技的应用，且组织架构中设置了创意设计部，全权负责创意旅游产品的设计和开发，给游客全新的体验和感受。

5.1.2.2　电影＋餐饮＋房地产＋出版,拓展产业链

实现了电影业、餐饮业、房地产业、出版业的融合,有较大的集聚效应和扩散效应的综合性产业,是地区经济的增长极,有较大的带动作用,促进了地区的电影业、餐饮业、房地产业、零售业、出版业、动漫产业、休闲娱乐业等产业的发展,显然已形成一条完整的产业链。上游为电影业和动漫业等产业,中游为主题乐园、休闲娱乐业,下游为图书出版、旅游纪念品零售业,带来巨大的经济效益。

5.1.2.3　具有完善的知识产权体系,注重专利保护

美国创意产业之所以如此发达,主要原因之一是政府建立了完善的知识产权保护体系,注重专利的保护。美国先后制定并通过了《电子盗版禁止法》《版权法》等一系列法律法规,保护数字产品版权,并加入国际版权保护体系,并不断完善版权保护制度,为创意产业的发展提供制度保障,保证了类似如迪士尼集团能够将其产业模式向世界各国有效复制。

5.2　深化我国邮轮产业与文化创意产业的融合

旅游是邮轮的表象,创意文化是邮轮的灵魂。以海洋旅游为亮点、以蓝色文化为特征是邮轮文化最独特的魅力所在。因此也可以说,邮轮经济是海洋旅游经济、邮轮产业是海陆交互产业、邮轮文化是特色文化与特色旅游交融的文化、是海洋旅游与蓝色文化融合发展的文化,主要包括五种融合:技术方面的融合、产品要素的融合、业务类型融合、市场融合以及文化类融合。而在这其中技术上的融合对于邮轮产业和文化创意的结合是最为主要的缘由,产品要素融合是这两大产业融合的主要内容,业务的融合是邮轮产业与文创产业融合的发生过程,市场融合是两大产业融合的结果。要实现我国邮轮产业与文化创意产业融合,需要一定的政策措施和基础条件作为支撑保障。

5.2.1　加大政府扶持力度,完善"邮轮政策"体系

根据欧美邮轮产业发展的实践表明,政府的支持对邮轮产业的发展壮大有非常重要的影响,所以要想进一步推动文化创意在邮轮产业当中的发展,就必须要加大政府扶持力度,进一步完善邮轮政策体系,在邮轮制造、邮轮公司和船队运营、邮轮航线设计、邮轮产品开发、邮轮港口基本和配套设施建设、邮轮创意人才培养等方面给予更大的扶持。

5.2.2 展现城市文化个性，打造"文化邮轮"形象

注重挖掘邮轮文化和创意产业内涵，提升邮轮文化品位，让经济邮轮转化为文化邮轮，促进邮轮发展和文化保护的良性循环，实现经济效益和社会效益的统一。邮轮文化的创立和邮轮产业文化品位的提升需要基于邮轮产业链，首先要立足于邮轮上游产业，在邮轮制造、设计方面丰富邮轮的文化内涵，同时要体现国家和城市文化个性；其次在邮轮中游产业链——邮轮公司运营和邮轮船队建设方面，要注入地方文化特色，使得邮轮公司的企业文化与地方文化结合；最后在邮轮产业下游产业，譬如港口的运营、岸上邮轮旅游资源的开发等要充分挖掘文化内涵，体现中国传统和地方特色文化，提升邮轮旅游产品的文化层次，提升邮轮旅游者的文化品位。

5.2.3 提高港口服务质量，形成"中国母港"文化

由于邮轮港口是邮轮的重要集聚地，是邮轮文化的重要载体，因此邮轮文化创意产业的融合需要重点打造港口文化。邮轮港口主要分为母港和访问港，由于母港对邮轮城市的带动和影响作用更大，母港文化的培育更为必要。母港文化是指在接待邮轮企业和邮轮游客过程中的文化要素的集聚，包括邮轮所体现的文化要素、邮轮游客体现的文化要素、邮轮港口目的地所体现的文化要素、邮轮工作人员体现的文化要素：例如接待服务、服务礼仪、服务语言等。要想促进邮轮产业和文化创意产业的融合，可以在母港文化的塑造方面得以体现。将邮轮所体现的文化要素、邮轮游客体现的文化要素、邮轮工作人员体现的文化要素与文化创意产业的有机融合，从而让邮轮服务变得更加具有文化品位，推动邮轮文化纪念品的设计和生产，打造岸上文化精品邮轮旅游线路。

5.2.4 激发游客心理需求，构建"邮轮时尚"品味

由于邮轮旅游者邮轮旅游动机不同，需求不同，因此对邮轮旅游产品的偏好会有较大差异，进而对邮轮文化的喜好也会有明显不同。在深化邮轮产业与文化创意产业融合方面，一方面是要结合港口城市的地域性和时代性，展现中国的特色文化和民族文化；另一方面要结合邮轮旅游者动机与需求。目前，时尚文化是大众比较青睐的文化要素，构建"邮轮时尚"品味，提升邮轮旅游者对邮轮时尚高品位生活质量的需求，满足大多数邮轮旅游者的精神需要。

5.2.5 建立邮轮信息系统，构筑"信息母港"平台

在大数据、移动终端飞速发展的今天，没有一个强有力的邮轮文化数据平台是难以想象的，在培育中国邮轮文化的进程中需要从文化主体、文化客体和文化介体

三个方面展开,构建一个能三方共享的邮轮文化大数据信息平台,这是建设和培育中国邮轮文化的重要任务。平台的搭建,可以服务邮轮游客、邮轮企业和地方管理部门,通过分析邮轮游客的信息,建立邮轮游客数据库信息,为其提供下一次的邮轮产品提供更具有针对性和吸引力的产品信息;另一方面,也可以通过这个平台,发布邮轮产品预告、航线信息、线上订购等功能;还可以电子邮件、微信等方式进行邮轮文化、发展模式以及政策措施等方面的宣传和交流活动,积极对相关的邮轮文化进行培育,并做好具体的信息反馈工作,进而打造更符合市场需求的邮轮旅游产品、邮轮游客可以发现更有趣的邮轮产品、管理部门可以更好地进行区域邮轮发展规划,三者形象创建文化邮轮的合力。

5.2.6　提高本土管理水平,传播"中国邮轮"理念

当前,中国本土邮轮企业已经驶出大海,海娜号是这个本土邮轮的第一艘,之后又培育了"中华泰山号""钻石公主号"邮轮。在接下来的 3～5 年间,中国的邮轮船队必将出现,对中国邮轮企业而言,提升邮轮文化品位,形成中国邮轮文化特色是与国外著名邮轮企业进行竞争的法宝。应该以东方管理为理论实现、以中国文化为核心的软性管理,体现中国本土邮轮企业精神和价值观,进而形成中国本土邮轮的管理模式和文化形象。中国的本土邮轮需要设计出富有参与性的、智慧型的、有文化内涵的邮轮产品,才能与国外著名邮轮企业较高低。

5.3　提炼我国邮轮旅游产业文化核心价值

5.3.1　我国邮轮旅游产业的核心价值分析

邮轮旅游产业可以推动经济、政治、文化、社会和生态文明建设。第一,推动经济建设方面,邮轮产业因其涉及的产业众多,对地区经济的带动作用较强,成为地区经济新的增长点,为促进中国经济转型升级做出一定的贡献。第二,在推动政治建设方面,邮轮旅游业对国际的政治和民间外交产生积极影响,加强与港澳台地区的经贸关系,加强邮轮航线上各国的交流与合作,促进两岸和平统一。第三,推动文化建设方面,邮轮旅游业是作为承载文化的重要媒介,要在发展邮轮旅游业的过程中,积极推动邮轮文化的建设和培育,倡导健康有益的邮轮文化,增强旅游者的文化品位。第四,在推动社会与生态文明建设方面,通过发展邮轮旅游业来丰富人们的精神生活,促进大众的综合素养,注重港口的节能减排,促进对港口生态环境的保护。

邮轮产业可以提升人民群众的幸福感,满足人民群众的物质和精神需求。第一,在推动人民群众的精神需求方面,邮轮旅游行业是旅游行业的组成部分,旅游行业的使命是满足人民群众精神需求,旅游业的最终目标就是追求和体验快乐,旅游者在旅游过程中可以开阔眼界、增长知识、享受快乐、增加人生阅历,不断满足旅游者的精神需求。第二,在推动人民群众的物质需求方面,邮轮旅游是新型的旅游产品,邮轮港口、邮轮目的地国家以及邮轮上丰富的游览项目、购物产品、餐饮项目、娱乐项目等,可以满足邮轮旅游者的物质消费需求。

5.3.2 我国邮轮旅游产业发展定位

邮轮旅游作为典型的现代服务业,邮轮制造作为典型的先进制造业,以"服务引领、高端突破、集聚发展、协调联动"为统领,培育和延伸邮轮经济产业链,完善邮轮消费市场和环境,通过大力推进与工业、海洋、文化、商业等相关产业和传统旅游业态的融合发展,将中国邮轮旅游培育成为国民休闲度假阶段"体验慢生活、享受水生活"的出境游热点业态和国内游重点业态,成为全国旅游经济基点之一、海洋强国战略的落脚点之一。巩固上海成为亚太邮轮中心地位,领跑亚太地区的邮轮行业;积极推动智慧邮轮游,建设以中国为出发地的亚太邮轮产业,并使其成为21世纪海上丝绸之路的主要内容之一;经过15年发展,成为世界前三大邮轮旅游热点地区。

5.4 优化我国邮轮旅游产业空间格局

5.4.1 我国邮轮旅游产业空间格局雏形

邮轮旅游产业的发展主要依托于邮轮港口,邮轮港口的空间格局能反映邮轮旅游产业的空间格局。经过近几年的发展,我国大陆已建成以下邮轮港口(见表5-1),形成了华北、华东、华南三个主要邮轮港口群。

表5-1 我国主要邮轮港口现状

区域	港口	邮轮泊位	年接待能力
华北	天津	大型邮轮泊位4个	设计年通过能力100万人次,2017年天津国际邮轮母港共接待邮175艘次,同比增长23%,其中母港邮轮160艘

（续表）

区 域	港 口	邮轮泊位	年接待能力
华东	青岛	大中型邮轮泊位 3 个	年游客吞吐量达 150 万人次,是我国开港首年接待邮轮最多的码头。2017 年青岛邮轮母港接待母港邮轮 31 艘次,接待访问港邮轮 3 艘次
	上海	2 个 22.5 万吨级泊位,2 个 15 万吨泊位,3 个 7 万吨泊位	设计年通过能力 300 万人次以上。2017 年,上海吴淞口国际邮轮港接待邮轮 466 艘次,其中母港邮轮 458 艘次;上海港国际客运中心共接待邮轮 46 艘次,其中接待母港邮轮 23 艘次
华南	厦门	1 个 14 万吨级泊位,2 个 8 万吨级泊位	年游客接待能力 150 万人次,2017 年厦门接待邮轮 77 艘次
	深圳	1 个 22 万吨泊位,1 个 10 万吨泊位	设计年通过能力大于 50 万人次,2017 年深圳接待邮轮 108 艘次,其中母港邮轮 108 艘次
	广州	1 个 15 万吨级泊位,1 个 10 万吨级泊位,1 个 22.5 万吨级泊位	设计年通过能力 100 万人次,2017 年底,接待游客量达到 72.76 万人次,接待母港邮轮 226 艘次
	三亚	1 个 10 万吨级码头,2 个 15 万吨级码头,1 个 22.5 万吨级码头	设计年通过能力 200 万人次
合计		大中型邮轮泊位 20 个以上	2020 年前全部建设完成总体年接待能力合计 1 000 万人次以上

5.4.2　我国邮轮旅游产业空间格局设计

邮轮旅游产业的发展主要聚集在邮轮港口,因此我国邮轮旅游产业空间格局的规划与设计的核心是对邮轮港口的规划布局,特别是交通运输部门还与 2015 年 4 月出台了《全国沿海邮轮港口布局规划方案》,文件指出要在 2030 年之前建设两到三个邮轮航母港口,并以十二个始发港为主体,数十个访问港口为辅的整体布局。

中国邮轮旅游产业依托邮轮港口,构建"五群一带"空间格局。从北到南可建设 5 个邮轮旅游港口群:以上海为龙头的长三角邮轮旅游港口群;以天津为核心的环渤海湾邮轮旅游港口群;以香港、广州与深圳为核心的珠三角邮轮旅游港口群;以厦门为中心的海峡两岸邮轮旅游港口群;以三亚为中心的南海邮轮旅游港口群,以及中国沿海邮轮旅游海岸带。"五群一带"空间格局设计如表5－2所示。

表5－2　中国邮轮旅游产业"五群一带"空间格局设计

布局	分区	中心	支撑	航线产品 拓展空间
五群	环渤海湾邮轮旅游港口群	天津	北京、天津、东三省、内蒙古、河北、河南、山东等腹地	韩国、日本、海参崴
	长三角邮轮旅游港口群	上海	上海、江苏、浙江、安徽、江西、湖北、河南等腹地	韩国、日本、海参崴、中国台湾
	海峡两岸邮轮旅游港口群	厦门	福建、江西、广东、广西、四川、浙江等腹地	日本、中国台湾、中国香港
	珠三角邮轮旅游港口群	香港（深圳、广州）	广东、福建、江西、湖南、广西、海南、四川、贵州、云南等腹地	日本、中国台湾、越南、菲律宾
	南海邮轮旅游港口群	三亚	海南、广西、四川、贵州、云南等腹地	中国台湾、中国香港、越南、菲律宾
一带	中国沿海邮轮旅游海岸带	大连、天津、青岛、上海、厦门、广州、北海、三亚	华东、华中、华南、华北和西南地区等腹地	沿海海岸带

5.5　打造我国邮轮文化旅游核心吸引物体系

5.5.1　建设我国邮轮旅游核心引擎项目

5.5.1.1　大力推进邮轮航线和邮轮旅游产品开发

在对邮轮航线进行开发的过程中,政府要对相关的企业或是机构大力支持,构建包括港澳台在内的邮轮旅游路线,与此同时还要注重内海以及长江中下游地区邮轮航线的开发,在这一过程中逐渐将航路开辟到东南亚甚至欧美地区,积极开发有条件但是无目的地的邮轮旅游路线。而针对邮轮旅游产品的开发,要对邮轮停靠的港口城市进行相关文化旅游资源的整合,让游客可以切身体会到船上以及岸上不同的游览体验。

此外还要积极开发不同主题、时间和层次的旅游路线,从而构建其内容丰富多彩、种类繁多、形式多样的邮轮旅游体系,来吸引大量的游客旅游观光,进而推动整个邮轮市场的发展进步。

5.5.1.2　积极推进邮轮旅游消费市场的发展

是否拥有较为充足的客源市场,是邮轮企业选取建立邮轮码头的重要因素,同时也是推动邮轮旅游发展的关键所在。遵照产业的周期理论,在进行邮轮消费市场培育的过程中,其产业所处的发展阶段以及消费者对该行业的认知程度具有非常重要的作用。当前中国邮轮产业的发展正处在上升的阶段,市场需求急剧增加,所以必须要把握好这一时机,努力推动邮轮市场的发展。目前,中国邮轮旅游业的主要消费者为白领一族,处于时间上的限制,邮轮企业在进行路线上的设计时,应该相对短一些。但是,从目前国内的情况来看,普通民众对于邮轮旅游的概念还不是很清楚,所以政府部门和有关的企业应该在这方面进行宣传和教育,增强百姓对该行业的认知和认可程度,并有针对性地进行银发市场的开发。

此外,从进行邮轮旅游的游客的组成上来看,大部分多是出境游,而入境游的市场占比很少。这样大量国内的游客在给其他国家带来很大收益的同时,实际却导致了非常强烈的旅游漏损效应,同时还让中国在国际上的形象受到了损害。因为入境游相对较少的缘故,使上海邮轮旅游业的游客相对较少,这对其邮轮行业的发展造成了很大的冲击。而要想改变这种情况,一方面政府要出台相关的政策并和旅游公司进行协商,使其对访问港船只的停靠次数进行增加;另一方面"打铁还需自身硬",要加快构建中国邮轮港口城市的知名度和独特魅力,藉此来吸引邮轮旅游船只的停靠,增强对国外市场的培育,促进中国邮轮旅游业的发展。同时相关的邮轮公司还需要向游客进行相关的优惠,诸如购物退税等等,来刺激国外游客的消费,进而刺激有关产业的发展,实现邮轮旅游和其他行业共赢的局面。

5.5.1.3　大力发展邮轮制造业

尽管当前国内的造船厂已经完成了航行在长江中下游地区的河湖型邮轮与近岸邮轮的建造,少数几家国内船厂为国际邮轮建造公司代工生产船体、提供邮轮维修;2016 年 7 月 4 日,中国船舶工业集团公司与意大利芬坎蒂尼公司在沪正式签订了豪华邮轮《造船合资公司协议》,国产豪华邮轮项目进入实质性启动阶段,但中国的海洋邮轮旅游业的发展依旧需很长时间的发展。自邮轮实现由"交通型"向"旅游休闲型"的转变之后,便成为当之无愧的海上移动旅游基地,再也不是简单的代步工具了。随着邮轮功能的转变,其行业发展的关键也从船舶的建造转向了船舶休闲娱乐功能的建设。对于造船公司而言,其建造的不单单是船只,还是独特的"文化"。而在世界邮轮旅游不断东移的过程中,中国庞大的旅游市场,也必然会催生出一大批邮轮旅游业的发展。

但要想真正在世界的邮轮市场上立足,首先必须要对国外邮轮旅游业中船型的建造进行深入系统地研究,而不能漫无目的地探索。其次对国外邮轮旅游客源和休闲娱乐方式的调研和探讨也是非常有必要的,因为只有这样才能够制定出较好的方案和规则,最后还要结合中国的实际情况推出适合国人的类似中日韩以及新马泰的豪华游轮航线。

中国进军世界邮轮建造市场,需要开展以下 6 项基础性工作:一是将邮轮制造列入我国装备制造业规划;二是参考国际通行的相关法规,开拓我国邮轮建造中金融信贷的操作模式以及评估标准,特别期待政府部门能够制定出适合游轮旅游业的相关的财税政策;三要针对国际游轮的先进技术和典型的船型进行深入研究,并充分了解国际邮轮在港口国需要遵守的环保、排放、岸电标准种类和细则,加快制定我国邮轮建造规范、标准;四是需要对中国消费者的邮轮休闲、娱乐、度假方式进行分析、定位;五是充分了解邮轮建造中的交易通则;六是与欧洲等地的邮轮制造行业企业进行合作,通过彼此的合作促进自身技术上的创新发展。最终达到邮轮领域"国轮国造"的目标。

5.5.1.4 培养本土邮轮公司,组建本土邮轮船队

在整个邮轮产业链当中,邮轮企业是其中最为关键的环节,对其产业链下游企业的生存发展具有非常重要的影响,所以在发展邮轮旅游业的过程中,吸引和培育邮轮公司的发展是十分重要的。中国在发展邮轮旅游业的过程中要通过相关的财税方面的优惠政策着重引进国际知名的邮轮公司入驻上海等地,建立政府和邮轮企业的利益共享体,从而实现国家与企业之间的合作共赢。而在邮轮母港城市则要注重对本土的邮轮企业和船队的培养,在对本地的文化特色和市场环境进行分析的基础上,推动整个邮轮产业的发展壮大。

5.5.1.5 邮轮港口基础设施与配套服务的建立和完善

完善邮轮码头和基础设施建设。政府部门要对邮轮的综合交通运输体系进行积极构建,真正将港口与公路、铁路、航空以及城市的主要旅游景点紧密结合起来,对邮轮停靠港口地区的交通要进行合理规划,设置清楚、明确的交通标志、建立停车场,加大对邮轮港口的交通管理等。

要对邮轮港口的配套服务进行完善。纵观世界各国邮轮母港发展的成功案例,无不与港口配套服务功能的完善有密切的关系。而从众多成功的案例当中可看到,要想真正实现邮轮港口对经济的推动和辐射作用,大型的商业街区与丰富的休闲娱乐项目是必不可少的。只有在拥有非常完整的服务体系,诸如住宿、餐饮、金融、休闲娱乐等现代服务业的基础上,才能让整个港口地区形成集群效应和完整的产业链条,从而真正发挥出邮轮行业的效用。因此要加快完善邮轮码头的周边环境和配套服务,加快设立住宿、餐饮、金融、休闲娱乐以及其他服务行业的配置,满足邮轮游客的基本需求,实现码头错位竞争与优势互补,提升邮轮港口层次和水平。

5.5.2　策划我国邮轮旅游特色产品

整合邮轮港口城市的旅游资源让游客可以切身体会到船上以及岸上不同的游览体验。此外还要积极开发不同主题、时间和层次的旅游路线,从而构建其内容丰富多彩、种类繁多、形式多样的邮轮旅游体系,来吸引大量的游客旅游观光,进而推动整个邮

轮市场的发展进步。

5.5.3　设计我国邮轮旅游代表性线路

近年来,中国邮轮航线主要集中在三大邮轮圈:东北亚邮轮圈、海峡两岸邮轮圈和东南亚邮轮圈。邮轮旅游线路的设计需要从依托的港口和旅游目的地区域角度、中国邮轮旅客的市场需求角度和旅游季节—航行条件组合等三方面着手,具体指的是:

第一,线路设计需要紧密依托港口群和旅游带展开。

第二,市场的特定需求决定了什么样的线路具有吸引力和生命力,也就是说,对特定市场需要设计定制化的线路产品。

第三,特定季节、特定航区所处的航行环境对线路设计构成硬性的约束,当这一条件不构成限制时,线路设计再加入前两个因素。

据调查,中国人喜欢短时间旅行,尤其是邮轮的旅途,因此进入中国的多家邮轮品牌巨头,在这数年间纷纷修改航程,以符合中国“公众假期短、分散”的国情。2015 年的邮轮之旅,7～14 天的有 162 次,期限更长的有 27 次;一周以内的邮轮旅行占 2015 年总数的 81%,其中 2～3 晚居多,共计 425 次;4～6 晚的正快速增长,在两年内从 263 次增加至 367 次。

巩固和优化日韩俄航线,开辟囊括港澳台在内的旅游组合路线,同时还要注重

内海诸如青岛、烟台等地以及长江流域的旅游航线的开发,争取开发有条件的无目的地航线。逐步开发到东南亚、欧美洲等地的中长途航线,开发有特色的环球航线。

5.6 完善我国邮轮文化旅游服务体系

5.6.1 我国旅游服务体系建设取得的成就

当前我国在旅游服务体系建设中取得了一定的成就,我国现有的五大旅游服务体系:旅游信息咨询、旅游安全保障、旅游交通便捷、旅游便民惠民、旅游行政已经建

立起了一套可持续发展的体制机制,这套体制机制实现了公益和市场的有机结合,为邮轮文化旅游体验的提升奠定了基础。

我国关于旅游服务体系建设的成就主要体现在都市旅游公共服务体系的建设。旅游公共服务体系即:政府、某些社会组织、经济组织为提供者,对象是海内外游客,目的是为了满足他们的公共需求,途径是提供一些基础的、公益的旅游产品或者服务,诸如:公共信息、旅游安全保障、旅游交通便捷、旅游便民惠民、旅游行政等这些服务项目。

5.6.1.1 旅游信息咨询服务体系初步建立

当前,我国建立起了诸多旅游资讯网站,旅游服务热线 12301 开通的数量逐渐增多,在一些热门的旅游城市,旅游咨询热线普遍开通,而且相关咨询中心也已普遍开设。到"十二五"结束之时,全国已经建成 2 000 多个旅游咨询中心,其中还不包括景区内的咨询中心。各种相关旅游知识在不断地充实丰富着,例如:对游览的咨询、旅游市场的发展状况、有关境内外旅游目的的安全知识、旅游服务的质量高低等等。

5.6.1.2 旅游安全保障服务体系逐步形成

各地预案体系已初步建成,相关的旅游安全标准、法律法规逐步完善。有关部门对旅游安全生产、应急管理队伍等都高度重视,加大了对旅游安全的经济投入,建立了完备的旅游安全设施,旅游安全保障的工作格局已逐渐形成。这一格局实现了部门之间密切合作、上下级间联合行动、各区域间协同合作,更好地保证了安全培训教育制度的基本建立,更好地发挥了旅游的保险功能,提升了旅游业的应急处置能力。

5.6.1.3　旅游交通便捷，服务体系不断完善

目前，旅游交通发达，旅游更加便捷，旅游景区的可进入性、交通引导标识、自驾车旅游停车场地建设等都在逐步完善。在东部发达地区，旅游集散系统初步形成。

5.6.1.4　旅游惠民便民服务体系逐步完善

不同地区先后推出具有本地特色的旅游公益惠民产品，实现了惠民便民，改善了居民的休息环境，也提高了居民的生活水平。到"十二五"规划结束之时，一共有6 000 多个免费的公园、不收门票的博物馆和科普场建成；一些城市还针对老年人、学生、残障人士等发放旅游消费券、旅游年票等等；建设了公共的游憩区、充满特色的旅游街区、供旅游观光的步道以及游览的设施；景区的各种通信设施、金融设施、医疗设施等都在不断地完善，也进一步推动了旅游城镇的绿色、环保发展。

5.6.1.5　旅游行政管理部门的行政服务功能进一步加强

旅游行政管理部门在具体工作过程中要对旅游市场的秩序进行严格的规范，加快对所在行业的精神文明建设，提倡经营的过程当中要诚实守信，积极开展游客投诉制度和纠纷调解制度建设，争取游客投诉率的解决达到 90% 以上；在创建全国最佳旅游城市、全国文明卫生城市以及 A 级景区和星级饭店的评定过程中，推动旅游行业的标准化进程，让城市环境得到进一步的改善，游客的正当权益得到进一步的强化，并真正将游客满意程度设定为评判旅游企业好坏与否的重要标准；积极开展假日旅游路线和境外旅游项目，在全国范围内开展绿色旅游、文明旅游的主题教育活动。

5.6.2　我国邮轮文化旅游服务体系构建的主要内容与举措

5.6.2.1　信息服务系统的构建

在信息服务系统中，主要包括六大组成部分：其一是旅游吸引物，主要指城市旅游景点所处的位置、具体消费价格、通往该地的交通方式、具体开放的时间以及相关的特色介绍等；其二是旅游交通信息，这个系统主要指的是当地旅游局或者是有关部门所提供的旅游交通地图、城市的公交系统、地铁的网络图、火车站以及飞机场等的具体服务信息；其三是商业的购物信息，主要指的是城市大型购物广场的分布，交通路线以及营业的时间等；其四是特色餐饮信息，主要包括该城市餐饮的具体特点、分布区域以及具体的交通路线等；其五是相关的住宿信息，该系统主要包括住宿场所的星级、所处位置、名称以及服务电话等；其六是旅游信息提供载体的提供，主要包含了具体问题咨询的网点、相关的出版物、电子触摸屏以及负责接

待的人员等。而上述六个部分主要通过以下载体表现出来：手册、地图、小册子、电子设备、相关的影像资料、具体的咨询场所以及相关的服务人员等等。

5.6.2.2　加快建设实体服务系统

实体服务系统主要有两个组成部分，其一是城市旅游软环境，其二则是城市旅游服务的硬要素。其中城市旅游的软环境主要包括城市卫生、城市的污染指数和空气质量，服务业的从业人员的服务态度、居民素质等等。而城市旅游服务的硬要素则主要包括城市所拥有的旅游景点、博物馆或是文化馆、休闲游乐的场所、特色小吃街和餐厅、购物广场、城市整体的交通系统与景点的交通路线以及商业、医疗卫生、安保服务、公共咨询服务等等。

5.7　加强我国邮轮文化产业的市场营销

5.7.1　构建多维度市场营销体系

5.7.1.1　开展邮轮文化宣传

我国邮轮文化建设可开展以"邮轮文明，与你同行""汇邮轮文化，引文明之行""践行邮轮文明，传承华夏礼仪"等为主题的宣传和实践。通过普及宣传邮轮的历史起源及船上的文化礼仪，转变国人消费理念，逐步形成与国际接轨的邮轮消费文化，使邮轮游客能自觉接受国际化的邮轮消费理念。在将邮轮文化与国内游客不断融合的过程中，使邮轮游客能遵守国际行为礼仪，对邮轮旅游产生较高的满意度和认可度；同时带动潜在的邮轮消费者感受到邮轮文化的国际性与高雅性，扩大邮轮文化对国内旅游市场的影响，使邮轮游客能自觉融入邮轮文化。在巩固邮轮文化对国内消费者影响的同时，将中华民族的文化精髓有机融入邮轮文化，形成与全球通行、富有本土特色的中国邮轮文化。改善国内游客出游总体消费行为的同时，通过国际化的邮轮旅游形式，将中国邮轮文化传向全球，提升中华民族精神的整体形象。

5.7.1.2　面向大众宣传"邮轮文化大使"

借助现有的推广平台，打造邮轮文化产业的代言人。代言人既可以是明星，也可以是普通大众。但不管谁担任，都改变不了它的公益性。通过发挥代言人的示范作用，宣传规范性较强的邮轮文化，吸引更多的旅游爱好者加入其中。

5.7.1.3　借助网络社区，进行口碑营销

根据 Jupiter Research 研究机构的调研结果发现，美国现有网民中，大约有

77%的人在在线购买相关产品时会事先浏览他人对这一产品的评价,根据这些评价,作出是否购买的决定。互联网在当今已成为人们离不开的工具,借助互联网了解不同消费者的消费状况也成为我国消费者的重要习惯。在正式开始旅游前,越来越多的旅游者会查阅他们所关注的信息,例如,哪一家小吃店最有特色、哪一家宾馆口碑最好、怎样规划便捷划算的旅游线路等。此外,在结束整个旅程后,他们会对旅途的感受以及这些服务进行评价,并与其他人分享。所以,现在互联网上有很多消费点评网站,例如,国外较为有名的 Tripadvisor,国内知名度较大的到到网等,大量的网民在此分享他们对所接受过的感受,并上传自己的旅游攻略等。这就使得越来越多的旅游者受到网络社区的影响,结合这些信息制定自己的出行计划、消费决策等。如果某一产品的卖家提供了令旅游者满意的服务或者商品,则通过这些网站的点评,他们会在消费者心中拥有好的口碑,进而实现业务增长。所以,所有的卖家都应该改善自身的服务,打造良好的口碑。需要注意的是,打造良好的互联网口碑,需要别人的夸赞,只有大多数人认为这个产品或者这项服务好,才会使他人信服。

5.7.1.4　利用 SNS 网站,降低推广成本

对于企业来说,如果能够打造具有一定口碑的文化产品,则无疑会增加企业经济效益。正是在这一背景下,出现了许多推手、写手等撰写虚假评论,造成互联网上出现大量不实信息,失去了原有的可信度。在这种情况下,口耳相传的口碑意义重大。可以说这一原因也是当前 SNS 网站被看好的原因所在,该网站的营销价值逐渐被重视。作为重要的社交网络平台之一,SNS 网站人际关系网络庞大,用户数量较多,且该网站主要面向学生、白领等人群,这部分群体拥有强烈的网购意识。一旦可以借助该网站推广旅游产品,则很有可能取得事半功倍的宣传效果。因为依靠人际建立起来的传播渠道具有其他渠道难以比拟的优越性,能够给人以信任感,寻找兴趣相同的旅游爱好者,并将虚拟友谊发展为现实生活中的友谊。从SNS 网站自身利益出发,如果能够吸引更多的用户,则会有越来越多的广告商投放广告,获得收入。如果销售旅游产品的商家可以在这一网站中推销自己的产品,则能够获得较大的竞争优势。需要注意的是,如果要在网站上推销产品,务必进行精心策划,提出多种多样的营销方案。

5.7.1.5　增强邮轮用户体验,进行互动营销

这一阶段,人们的旅游消费观念变化较大,人们所青睐的旅游产品多具有批量小、个性化特征明显、品种多样化的特点,人们也更愿意接受体验式或者参与式的

旅游服务。他们不愿意完全被相关机构安排,更倾向于这些机构能够考虑自己的意见,根据自己的需求设计旅游路线。最近几年,越来越多的人关注 web2.0 技术,因为与之前的 web1.0 相比,web2.0 更注重用户的参与度。借助 web2.0 技术,销售旅游产品的卖家可以打造一个专属的互动营销平台。用户可以在互联网上同"旅友们"协作,根据自己的需求制定旅游路线,选择适合自己的宾馆、饭店、交通设施、旅游景点等内容。此外,还可以在网站中接受其他好友的推荐路线,调整自己的出行计划,以最少的价格获得更为充实的旅行计划。通过这一平台,旅游者的参与度大大提高。例如,可以设计以邮轮旅游主题有关的摄影比赛、旅游节、美文美图大赛等,增加游客之间的互动。这样一来,即便已经出行过的人也可以回忆自己的旅游感受,旅途结束,并不代表着体验过程结束。这一做法既拓展了旅途原有的时间、空间概念,也让整个旅游更为丰富。

5.7.1.6　通过网络团购,宣传特色产品

最近几年,网络团购渐渐成为最受欢迎的消费方式,其中最具代表性的是Groupon。因为所有的旅游休假产品都是无形的,看不见、摸不着却能真实地感受到它是存在的。这一特征使得它适合团购。从本质上来说,网络团购是借助网络所开展的全新的营销模式。它所提供的折扣对消费者来说吸引力巨大,一般是原价的 4～6 折,最低的为 1 折。几乎所有的消费者都不清楚明天会推出什么产品,因此,为了知道有哪些产品正在销售,他们每天都会登录网站了解情况。

如果团购人数还没有满足其最低限度,则商家的信息等同于一份广告;规定购买时间则会让人无形之中有一种紧迫感,容易快速做购买决定;而统计最低团购人数,消费者会想方设法联系其他人购买,以成功购买到该商品;邀请自己朋友圈的朋友一起购买等同于社交活动,如果大部分人邀请自己的好友共同购买,则这些消费者会自行传播该商品。在此前提下,为了取得良好的效果,则所有的生产商或者供应商应该制作出具有自身特色的、价格合理的团购商品,既可以给消费者提供门票、住宿、餐饮、娱乐等必需的服务内容,也可以打造一日游或者两日游的门票,家庭套餐也是一个不错的选择。

5.7.2　促进文化邮轮产业网络化营销推广

5.7.2.1　利用网络传播特点,开展与邮轮文化传播有关的研究

我们现在正处于信息化社会,信息传播技术越来越先进,信息内容不断增多。通过网络实现资源共享成为一种常态,就邮政文化的传播来看,具有传播范围广、互动性强的特点,同时存在跨行业传播、跨区域传播的特点,能够最大限度地扩大

传播邮轮文化的范围,带动整个邮轮旅游行业的进一步发展。因此,邮轮港口城市、邮轮公司首先应该立足于广大邮轮消费者的特点,研究他们的消费信息、习惯、偏好等,借助网络进行传播,充分利用这一传播媒介的优势,深化传播的路径研究,力争以最小的成本取得最大的宣传效益,进而获得更多的产业效益,实现邮轮产业的转型升级,增加文化元素,建立邮轮文化产业,从宏观上促进整个行业的持续发展。特别是需要加强邮轮港口、邮轮旅游目的地、邮轮文化产业网站建设和内容建设,充分利用现代移动网络双向互通的优势吸引更广泛的大众加入到邮轮文化的体验行列。

5.7.2.2　整合现有网络资源,建设具有自身特色的品牌网站

传统传播媒介在传播内容时,方式较为单一,且兼容性差,与新兴媒体相比,速度较慢,同时覆盖范围有限。这就使得传播速度快、信息更新快、受众广的新兴媒介优势突出。其一,邮轮文化涉及面较广,通过网络进行传播,能够最大限度地体现这些内容的差异性,展示具有各地特色的文化,能够吸引更多的游客参观学习;其二,与传统媒体相比,网络传播实效性较强,能够满足人们迅速获取信息的需求,通过整合与邮轮文化有关的信息促进邮轮旅游业的升级换代。其三,通过多样化的传播方式,能够加快传播速度,扩大传播面,例如,使用微博、论坛等的用户较多,如果能够通过这些平台进行宣传,则能够拓宽信息的传播面。目前最需要进行整合、宣传、表达的邮轮文化内容,一是邮轮文化的内容与形式特质:邮轮文化的礼仪形式、邮轮文化的内涵特质、邮轮文化的贵族性质、邮轮文化的时尚张扬;二是邮轮文化的体验与感知要领:邮轮美食与品味、邮轮运动与享受、邮轮活动与参与、邮轮氛围与感受、邮轮环境与休闲度假、邮轮礼仪与修养提升;三是邮轮文化的制度与规范规则:邮轮乘客与文明行为、船上活动与乘客约束、邮轮航线与邮轮合同。

5.7.2.3　借助网络进行传播,建构全新的网络营销模式

当今,移动互联网的发展日新月异,培育邮轮文化也离不开移动互联网,可以借助移动互联网开展网络营销。要想取得良好的营销效果,首先应该对目前的邮轮所有文化资源合理分类,主要依据船只、港口、饮食、景观、地域等特色将其分为各种各样的邮轮文化版块,通过发挥不同于其他的特色地方吸引广大消费者,带动营销,建立不同于以往的全新的网络营销模式。在开展网络营销时,同时需要借助网络互动进行传播。较为常见的是利用相关网站、留言板、论坛、讨论区等为广大喜爱邮轮旅游的人提供交流的平台与机会,借助时下较为流行的微信、微博等平台,第一时间发布他们感兴趣的与旅游文化有关的活动信息或者热点话题,调动他

们参与旅游活动的兴趣,为对此感兴趣的游客安排体验环节,让他们切实体会到邮轮文化魅力所在。

移动互联网改变了传播渠道,使传播变得越来越便利。在现阶段,充分利用这一传播优势,开展传播邮轮文化的相关研究;整合现有的信息资源,创建具有一定知名度的品牌网站;通过网络互动,扩大邮轮文化的影响力,建构以邮轮文化产业为主要内容的网络营销模式,充分发挥现有传播优势,解决当前传播中所出现的问题,在传播邮轮文化时,还可以利用网络媒介扩大传播面,形成良好的知名度。

5.8 设计我国邮轮产业和文化创意产业进行融合发展的主要路径

在邮轮产业链中,主要产业链节点共四个,分别是设计、生产、销售、消费环节。将这些节点作为主线,以生产技术、制作的产品、开展的业务、现有市场以及文化这五个能够实现文化产业与旅游产业相融合点为切入点,实现这两大产业的有机融合。

5.8.1 文化与邮轮融合起点:邮轮产品设计阶段的邮轮文化形态

在邮轮产业链的邮轮旅游产品规划与设计阶段,文化与邮轮的融合主要以生产技术和产品规划为融合点,涉及部门包括,其一是文化产业中的设计制作企业,主要包括工艺美术业、影视制作业、体育运动业、博览业、相关设施制造业、设计类企业、文化创意企业等;其二,与船舶有关的诸如研究、设计、开发、装备、装潢等企业;其三,是与旅游有关的规划类及开发类企业,这三类企业为融合载体,以邮轮购买、制造、装备和邮轮线路总体规划、邮轮航区选择、组织规划岸上旅游活动,并立足于规划开发技术为主要内容进而产生策划、设计、制造邮轮文化的企业。

在这一过程中,基本表现为生产技术层面的融合,即旅游发展规划技术或旅游资源开发技术渗透到文化中,并大胆改造现有文化,这些制作文化产品的企业与旅游产业中的企业在制作研发技术层面进行合作,将自身产品的生产、制作技术与对方的开发技术相结合,结合的产物就成为企业之间实现融合的技术基础。通过投资技术或者转让自己的技术或者向对方进行技术咨询等措施,制作文化产品的企业把自己的技术、工艺设备等和旅游景区的现有设施、环境规划等联系在一起,这样既可以拓展旅游产品的基本含义,在加工或流通环节实现价值增值;还能够增加当前所生产的产品的技术含量,实现更好的经济效益,获得更多的利润。此外,很多旅游企业将旅游景观规划、信息技术及数字化,和其他高科技应用到文化领域,从而增加了文化景观的观光休闲、文化教育、文明传承等多重功能,促进产业之间的优势互补、协同发展。

5.8.2　文化与邮轮融合进程:邮轮产品生产阶段的邮轮文化形态

从整个生产阶段来看,就该产业链而言,文化与邮轮实现融合的载体是邮轮产品设计以及相关产品服务,辅之以诸如影视、动漫、奢侈品等制作文化产品的企业和邮轮船上活动与体验、邮轮岸上与旅游有关的餐饮业、生产企业、交通业、住宿业等生产旅游产品的企业为载体,将文化产品与所有旅游产品作为实现二者融合的关键要素,在此基础上形成邮轮文娱演出或影视业、邮轮文化节庆与会展业、邮轮文博业、邮轮体育业、邮轮文化旅游主题公园等新兴邮轮文化旅游产品、活动和邮轮文化企业。

在邮轮旅游者进行船上和岸上吃、住、行、游、购、娱等放松的旅游活动时,他们主要消费这些旅游产品。在邮轮、文化产业实现融合时,所有文化产品与邮轮旅游产品进行不同于以往的全新的组合,能够产生新的服务业,扩展邮轮业的发展空间以及其基本内涵,能够满足不同邮轮旅游者的需求,保护和延伸传统文化,效益创造渠道得到扩展,最终使传统文化得到振兴。与此同时,整合利用这些宝贵的资源,能够保护沿海地区的文化资源,例如传统艺术、民俗风情以及民间技艺将得以传承,并为他人所知晓,从而能吸引更多外地和国外游客、开辟更多岸上旅游线路和业务,最终实现文化保护和当地旅游产业发展的双赢,以达到"以文促邮,以邮养文"的目的。具有邮轮业特色的旅游产品是将文化与旅游要素结合起来实现融合最具代表性的产物。

5.8.3　文化与邮轮融合重点:邮轮产品销售阶段的邮轮文化形态

在销售邮轮产品这一重要阶段,业务是实现邮轮、文化融合的关键点,将相关的新媒体或传统媒体营销服务企业与旅游中介企业结合起来,将其打造为实现融合的有效载体,将邮轮产品、批发零售等方式作为实现融合的要素,在此基础上形成新型文化旅游企业,既包括商贸业,也涉及重要网站、宣传出版等企业。

将邮轮产业和文化产业结合起来,最终结果是产生了大量的生产邮轮产品的企业,例如,与邮轮有关的旅游业、会展业、文物博物业、娱乐业、动漫业等。这些企业的最大特点在于结合上述大量企业的优点,同时能够借助相同的平台向外推广旅游产品,不仅可以批发销售,也可以零售销售;不仅可以利用传统的销售方式,也可以利用新兴的网络销售方式。这两大产业中的其他企业例如传媒业、编辑出版页、电子商务企业等结合起来,利用当代信息化优势,使得这些产品的消费全过程都可以在移动网络实现,建立与邮轮旅游有关的商贸业、宣传出版业、网站等,这可以提升该旅游企业的宣传影响力,运用多种宣传方式,提升企业与其他企业的竞争力。此外,这对于该企业来说也是促进经济发展的又一个动力。

5.8.4 文化与邮轮融合关键:邮轮产品消费阶段的邮轮文化形态

邮轮产品消费作为邮轮产业链的一个重要阶段,市场是实现文化、邮轮融合的有效融合的主要方式,二者融合的载体主要为市场营销企业以及销售邮轮产品的销售企业,市场运作方式、营销模式、品牌培育、资本运营状况等是实现融合的主要要素,依次建造具有一定知名度与影响力的品牌,进而获得良好的经济效益。完整的邮轮旅游消费,首先是邮轮旅游者向邮轮中介提出邮轮旅游需求,根据他们的实际需求,邮轮旅游中介向他们推荐适合他们的邮轮旅游产品,并将最终形成的服务产品出售给旅游者,他们消费这些产品的过程即为生产企业的生产过程。就这一过程而言,主要表现为提升市场运作效率、创新营销方式、培育新的消费品牌、有效运营资本等。一般而言,在旅游业中借助传统的文化传播路径以及新媒体等,可以有效改变原先的产品销售模式,并能带动消费方式的变化。在整合市场运作方式的基础上,能够实现积聚效应,增强产品的品牌效应,进而能够促进产品竞争力的提升,邮轮、文化以及旅游业三者的有机结合为在二十一世纪发展我国邮轮文化产品提供一定的促进力,推动产业不断完善。

5.9 本章小结

本章基于文化创意要素以及国外经验借鉴,提出了我国邮轮产业发展的成长路径设计。构建了基于文化创意要素的我国邮轮产业发展思路,提炼出我国邮轮旅游产业文化核心价值,提出我国邮轮旅游产业空间格局雏形。提出要深化我国邮轮产业与文化创意产业的交流与融合,对促进这两大产业进一步融合的基础进行科学研究,并寻找我国邮轮产业与文化创意产业融合发展的路径。具体有:重点打造我国邮轮文化旅游核心吸引物体系、策划我国邮轮旅游特色产品、设计我国邮轮旅游代表性线路、完善我国邮轮文化旅游服务体系和加强我国文化邮轮产业的市场营销、构建多维度市场营销体系、促进文化邮轮产业网络化营销推广。

参考文献

[1] 陈珏宇.国外文化创意产业发展述评[J].武汉交通职业学院学报,2006(1).

[2] 蔡荣生,王勇.国内外发展文化创意产业的政策研究[J].科技与管理,2009(3).

[3] 日下公人.新文化产业伦[M].北京:东方出版社,1989.

[4] 林拓,等.世界文化产业发展前沿报告[C].北京:社会科学文献出版社,2004.

[5] 英国创意产业特别工作组文件[S].联合国教科文组织网站:http://www.unesco.org/.CITF,2000.

[6] 斯图亚特·坎宁安.从文化产业到创意产业:理论、产业和政策的涵义.载《2005年:中国文化产业发展报告》[C].北京:社会科学文献出版社,2004.

[7] [英]约翰·霍金斯.创意经济[M].上海:上海三联书店出版社,2001.

[8] 李向民,王晨.文化产业管理概论[M].太原:书海出版社,2006.

[9] 邓晓辉.新工艺经济时代的文化创意产业研究[D].上海:复旦大学,2006.

[10] 蒋三庚.北京文化创意产业集群研究[D].北京:首都经贸大学,2007.

[11] Qu H, Ping E W Y. A service performance model of Hong Kong cruise travelers-motivation factors and satisfaction [J]. Tourism Management, 1999, 20(2):237 – 244.

[12] Hung K, Petrick J F.Why do you cruise? Exploring the motivations for taking cruise holidays, and the construction of a cruising motivation scale [J].Tourism Management, 2011, 32(2):386 – 393.

[13] Marti B E. Marketing aspects of consumer purchasing behavior and customer satisfaction aboard the Royal Viking Queen [J]. Journal of Travel & Tourism Marketing, 1995, 4(4): 109 – 116.

[14] Teye V B, Leclerc D. Product and service delivery satisfaction among North American cruise pas-sengers[J]. Tourism Management, 1998, 19

(2): 153 - 160.

[15] Miller A R, Grazer W F. Complaint behavior as a factor in cruise line losses: An analysis of brand loyalty [J]. Journal of Travel & Tourism Marketing, 2003, 15(1):77 - 91.

[16] Thurau B B, Carver A D, Mangun J C, Basman C M, Bauer G.A market segmentation analysis of cruise ship tourists visiting the Panama Canal Watershed: Opportunities for ecotourism development [J]. Journal of Ecotourism, 2007, 6(1):1 - 18.

[17] Morrison A M, Yang C-H, O'Leary J T, Nadkarni N. Comparative profiles of travellers on cruises and land-based resort vacations[J]. Journal of Tourism Studies, 1996, 7(2):15 - 27.

[18] Moscardo G, Morrison A M, Cai L, Nadkarni N, O'Leary J T. Tourist perspectives on cruising: Mul-tidimensional scaling analyses of cruising and other holiday types[J].Journal of Tourism Studies, 1996, 7(2):54 - 63.

[19] Mescon T S, Vozikis G S. The economic impact of the tourism at the port of Miami[J]. Annals of Tourism Research, 1985, 12(4):515 - 528.

[20] Braun B M, Xander J A, White K R. The impact of the cruise industry on a region's economy: a case study of Port Canaveral, Florida[J]. Tourism Economics, 2002, 8(3):281 - 288.

[21] Seidl A, Guiliano F, Pratt L. Cruising for colones: cruise tourism economics in Costa Rica[J]. Tourism Economics, 2007, 13(1):67 - 85.

[22] Pratt S, Blake A. The economic impact of Hawaii's cruise industry[J]. Tourism Analysis, 2009, 14(3):337 - 351.

[23] Brida J G, Zapata S. Cruise tourism: economic, socio-cultural and environmental impacts[J]. International Journal of Leisure and Tourism Marketing, 2010, 1(3):205 - 226.

[24] Foster G M. South seas cruise a case study of a short-lived society[J]. Annals of Tourism Research, 1986, 13(2):215 - 238.

[25] Smith A J, Scherrer P, Dowling R.Impacts on aboriginal spirituality and culture from tourism in the coastal waterways of the Kimberley region, North West Australia[J]. Journal of Ecotourism, 2009, 8(2):82 - 98.

［26］Johnson D.Environmentally sustainable cruise tourism:a reality check［J］. Marine Policy，2002，26(4):261－270.

［27］Caric H. Direct pollution cost assessment of cruising tourism in the Croatian Adriatic［J］. Financial Theory and Practice，2010，34(2): 161－180.

［28］Smith S H. Cruise ships:A serious threat to coral reefs and associated organisms［J］.Ocean and Shoreline Management，1988，11(3):231－248.

［29］Cloesen U. Environmental impact management of ship based tourism to Antarctica［J］. Asia Pacific Journal of Tourism Research，2003，8(2): 32－37.

［30］Eijgelaar E，Thaper C，Peeters P. Antarctic cruise tourism: the paradoxes of ambassadorship，last chance tourism $ and greenhouse gas emissions［J］. Journal of Sustainable Tourism，2010，18(3):337－354.

［31］Howitt O J A，Revol V G N，Smith I J，Rodger C J. Carbon emissions from international cruise ship passengers' travel to and from New Zealand ［J］. Energy Policy，2010，38(5): 2552－2560.

［32］Macpherson C.Golden goose or Trojan horse? Cruise ship tourism in Pacific development［J］. Asia Pacific Viewpoint，2008，49(2):185－197.

［33］Lois P，Wang J，Wall A，Ruxton T. Formal safety assessment of cruise ships［J］. Tourism Management，2004，25(1):93－109.

［34］Panko T R，George B P，Henthorne T L.Cruise crimes:Economic-legal issues and current debates［J］. The Amfiteatru Economic Journal，2009，11(26):585－596.

［35］Weaver A. The Mcdonaldization thesis and cruise tourism［J］.Annals of Tourism Research，2005，32(2):346－366.

［36］约翰·霍金斯.创意经济［M］.方海萍，魏清江，译.上海:上海三联书店出版社，2007.

［37］孙林，王磊.粤港文化创意产业合作与发展研究—粤港澳区域合作与发展报告(2010—2011)［C］.2011.

［38］［美］戴维·哈维.后现代的状况:对文化变迁之缘起的探究［M］.阎嘉，译.北京:商务印书馆，2003.

［39］世界文化产业发展前沿报告 2003－2004［M］.北京：社会科学文献出版社，2004.

［40］赵张进.中国将成为世界第一旅游［N］.纽约时报，2008－06－10.

［41］锁金文化创意产业发展规划研究报告（2007）：16－18.

［42］John Howkins.The Creative Economy：How People Make Money from Ideas［M］.London：the PenguPress，2001.

［43］金元浦.当代文化创意产业的勃兴［J］.决策与信息，2005（4）.

［44］伍鹏.文化创意产业与旅游业融合互动发展刍议［J］.宁波大学学报，2012（6）.

［45］军毅.文化创意产业的内涵、发展简况与产业门类［M］.香港：中国评论学术出版社，2007.

［46］王兆峰，黄喜林.文化旅游创意产业发展的动力机制与对策研究［J］.山东社会科学，2010（8）.

［47］赵磊.旅游产业与文化产业融合发展研究［D］.合肥：安徽大学，2012.

［48］廖明星.张家界文化旅游创意产业研究［D］.吉首：吉首大学，2012.

［49］林小森.文化创意产业在香港旅游业成功的有益启示［J］.上海商业，2007（8）：153－55.

［50］冯子标、焦斌龙.分工、比较优势与文化产业革命［M］.北京：商务印书馆，2005.

［51］荆艳峰.文化创意产业与旅游业的集成模式研究［J］.学术论坛，2012（1）.

［52］Auliana Poon. Current Issues—The'New Tourism'Revolution ［J］.Tourism Management，1994，15（2）.

［53］Cara Aithsion，Tom Evans. The Cultural Industries and a Model of Sustainable Regeneration Manufaeturing"PoP"in the Rhondda Valleys of South Wales［J］.Managing Uisure，2003（7）.

［54］Chris Bilton，Ruth Leary. What Can Managers Do for Creativity? Brokering Creative in the Creative Industries［J］.International Journal of Cultural Policy，2002（8）.

［55］Parksy，Petrick. J.F.Destinations' perspectives of branding［J］.Annals of Tourism Research，2006（1）.

［56］Lundberg，Donald E，Krishnamoorthy，M.Stavenga，Mink H.Tourism Economics ［M］.New York：Wiley，1995.

[57] Brida J G，Risso W A. Cruise passengers expenditure analysis and probability of repeat visits
    to Costa Rica：A cross section data analysis [J].Tourism Analysis，2010，15（4）：425－434.

[58] Hung K，Petrick J F. Testing the effects of congruity，travel constraints，and self-efficacy on travel intentions：An alternative decision-making model [J].Tourism Management，2012，33（4）：855－867.

[59] Cruise Lines International Association 2011 cruise market profile study [EB/OL]. http://cruising. org/regulatory/clia-statistical-reports，2011－08－09.

[60] 生延超，钟志平.旅游产业与区域经济的耦合协调度研究[J].旅游学刊，2009（24）.

[61] 王让会，张慧芝.生态系统祸合的原理与方法[M].乌鲁木齐：新疆人民出版社，2005.

[62] 吴大进，曹力，陈立华.协同学原理和应用[M].武汉：华中理工大学出版社，1990.

[63] 刘耀彬，李仁东，宋学锋.中国城市化与生态环境耦合度分析[J].自然资源学报，2005(20).

[64] 生延超，钟志平.旅游产业与区域经济的耦合协调度研究[J].旅游学刊，2009，8(24).

[65] 陈新哲，熊黑钢.新疆交通与旅游协调发展的定量评价及时序分析[J].地域研究与开发，2009(28).

[66] 任继周.系统耦合在大农业中的战略地位[J].科学，1999(51).

[67] H.T.奥德姆.能量、环境与经济——系统分析导引[M].蓝盛芳，译.北京：东方出版社，1992.

[68] 张琰飞，朱海英.文化产业与旅游产业耦合发展的区域差异分析[J].华东经济管理，2012(10).

[69] 张建.都市创意产业与旅游产业融合发展的态势及其整合对策研究[J].旅游论坛，2009(1).

[70] 王振如，钱静.北京都市农业、生态旅游和文化创意产业融合模式探析[J].农业经济问题，2009(8).

[71] 刘志勇,王伟年.论创意产业与旅游行业的融合发展[J].企业经济,2009(8).

[72] 张述林,胡科翔.古镇文化与旅游的融合途径研究[J].重庆师范大学学报(哲学社会科学版),2010(1).

[73] 喇明英.川西高原民族地区文化与旅游融合发展的战略与路径探讨[J].西南民族大学学报(人文社会科学版),2011(8).

[74] 张海燕,王忠云.产业融合视角下的民族文化旅游品牌建设研究[J].中央民族大学学报(哲学社会科学版),2011(4).

[75] 张洁,杨桂红.文化产业与旅游经济互动发展的探讨——以云南省为例[J].学术交流,2011(7).

[76] 鲍洪杰,王生鹏.文化产业与旅游产业的耦合分析[J].工业技术经济,2010(8).

[77] 韦复生.耦合与创新:民族文化创意与区域旅游发展——西部民族地区经济结构调整与发展的新视角[J].广西民族研究,2011(1).

[78] 刘定惠,杨永春.区域经济—旅游—生态环境耦合协调度研究——以安徽省为例[J].长江流域资源与环境,2011(7).

[79] 陈梅.基于旅游者需求的中外邮轮市场开发差异性对比研究[D].北京:北京第二外国语学院,2011.

[80] 丛剑梅.基于SWOT分析的中国邮轮旅游发展策略研究[D].大连:大连海事大学,2012.

[81] 赵善梅.世界邮轮旅游市场格局变化及其对中国邮轮旅游发展的影响研究[D].海口:海南大学,2012.

[82] 刘军.规制视角的中国邮轮(旅游)母港发展研究[D].上海:复旦大学,2011.

[83] 沈懿.意大利歌诗达邮轮公司中国出发航线营销策略研究[D].上海:华东师范大学,2013.

[84] 孙瑞萍.面向东北地区的近海型邮轮旅游产品开发研究[D].大连:大连海事大学,2013.

[85] 洪明,杨亮.抢抓邮轮市场发展机遇打造国际先进邮轮母港[J].中国港口,2012(9).

[86] 张福保.试论邮轮码头的科学化管理[J].港口科技,2012(9).

[87] 杨彦锋,吴雪娇.中国邮轮旅游市场供给特征研究[J].特区经济,2011(9).

[88] 须莉燕.现代城市滨水区功能定位及开发建设研究[D].南京:南京农业大

学，2009．

[89] 袁俊．深圳市旅游业与文化产业互动发展模式研究[J]．热带地理，2011(1)．

[90] 杨英法，苗方朔．文化创意与传统产业、传统文化、现代文明的融合模式研究[J]．河北工程大学学报(社会科学版)，2011(1)．

[91] 张书成，贾清．文化创意与商业模式研究新探——基于文化创意产业的理论视角[J]．今传媒，2011(4)．

[92] 赵春肖．文化创意产业与青海民族文化旅游[J]．青海民族大学学报(社会科学版)，2011(3)．

[93] 周红杰．以文化创意实现旅游业升级转型的战略思考[J]．中州学刊，2011(5)．

[94] 周红杰．文化创意与河南旅游[J]．新闻爱好者，2011(16)．

[95] 向勇，喻文益．基于全要素生产率的文化创意与国民经济增长关系研究[J]．福建论坛(人文社会科学版)，2011(10)．

[96] 伍鹏．宁波文化旅游创意产业发展思考析[J]．北方经济，2011(18)．

[97] 伍鹏．文化创意产业与旅游业融合互动发展刍议[J]．宁波大学学报(人文科学版)，2012(5)．

[98] 荆艳峰．文化创意产业与旅游业的集成模式研究[J]．学术论坛，2012(5)．

[99] 王艳，高敏．论文化创意与旅游发展研究的必要性[J]．无锡商业职业技术学院学报，2012(4)．

[100] 刘建．论旅游资源规划开发中的文化创意[J]．桂林旅游高等专科学校学报，2001(2)．

[101] 曹玉娟．文化创意与资源型地区转型跨越的求解[J]．科技创新与生产力，2012(9)．

[102] 王兆峰．民族文化产业与旅游业耦合发展研究——以湖南湘西为例[J]．中央民族大学学报(哲学社会科学版)，2012(6)．

[103] 陈华丽．浅谈厦门旅游业与文化创意产业深度融合方略[J]．经济师，2013(6)．

[104] 梁爱文，周灿．制约与创新：民族文化创意和区域旅游融合发展——基于云南德宏州的分析[J]．广西财经学院学报，2013(3)．

[105] 王萍．新疆喀纳斯景区民族体育文化的创意旅游研究[J]．体育成人教育学刊，2013(3)．

[106] 杨永超．文化创意产业与旅游产业融合消费机制研究[J]．学术交流，2013

(8).

[107] 厉无畏,于雪梅.关于上海文化创意产业基地发展的思考[J].上海经济研究,2005(8).

[108] 阮仪三.论文化创意产业的城市基础[J].同济大学学报(社会科学版),2005(1).

[109] 谷雨.打造文化创意产业深化知识经济竞争力[J].出版参考,2005(34).

[110] 于雪梅.柏林与上海文化创意产业发展比较[J].上海经济,2005(1).

[111] 佟贺丰.英国文化创意产业发展概况及其启示[J].科技与管理,2005(1).

[112] 张娴.亲水创意区——浙江省文化创意产业实验区[J].建筑与文化,2007(8).

[113] 范周.北京文化创意产业解析[J].建筑与文化,2007(8).

[114] 柏宏君.培养文化创意人才发展文化创意产业[J].新闻导刊,2008(4).

[115] 高廷仁,金建文."文化创意产业"与"城市建设和城市改造"的融合——以"南捕厅历史文化街区改造"项目为例[J].改革与开放,2006(10).

[116] 刘东涛.文化创意产业与艺术设计[J].艺术生活,2007(1).

[117] 周茂非.打造 CRD 走文化创意产业发展之路[J].城市住宅,2007(12).

[118] 薛志良,马琳.关于艺术管理与文化创意产业的若干探讨[J].艺术教育,2006(06):12-13.

[119] 龚小凡,田忠利.北京文化创意产业发展对设计人才的需求[J].艺术教育,2007(11).

[120] 田柏安.文化创意与艺术设计的思考[J].艺术教育,2008(8).

[121] 肖永亮.文化创意和新兴艺术[J].艺术教育,2008(8).

[122] 杭间.文化创意产业是一把双刃剑[J].中国书画,2007(9).

[123] 尹贻梅,鲁明勇.民族地区旅游业与创意产业耦合发展研究——以张家界为例[J].旅游学刊,2009(3).

[124] 刘志勇,王伟年.论创意产业与旅游产业的融合发展[J].企业经济,2009(8).

[125] 刘洁.文化创意产业与旅游业关系研究[J].经济研究导刊,2010(1).

[126] 邬宝玲.文化创意与旅游档案的开发利用[J].云南档案,2010(5).

[127] 曹雪稚,王世亮.文化旅游创意产业发展的必要性及途径探索——以山东省曲阜市为例[J].湖北经济学院学报(人文社会科学版),2010(6).

[128] 舒川根.文化创意与新农村建设的有机结合——以安吉县创建"中国美丽乡

村"为例[J].浙江社会科学，2010(7).

[129] 熊晓辉.湘西文化创意产业发展定位研究[J].贵阳学院学报(社会科学版)，2010(4).

[130] 李艳杰.聚焦文化创意与金融支持探索 CBD 科学发展之路——第二届全国中央商务区发展研究高级论坛综述[J].首都经济贸易大学学报，2007(2).

[131] 郑斌，刘家明，杨兆萍.基于"一站式体验"的文化旅游创意产业园区研究[J].旅游学刊，2008(9).

[132] 张薇.西藏文化资源的产业化发展辨析[J].经济视角(下旬刊)，2013(9).

[133] 何飞，黄路瓯，骆毅.浅谈文化创意产业对传统文化的传承与创新[J].科技广场，2013(7).

[134] 赵洁.郑州市文化创意旅游发展研究[J].地域研究与开发，2013(4).

[135] 张梅.论文化强国战略下文化创意产业的发展[J].湖南省社会主义学院学报，2013(3).

[136] 李小妞."LOFT"文化创意产业发展模式与城市旧厂区再生[J].知识经济，2013(15).

[137] 阚大学.江西省文化创意产业的现状、问题与对策[J].新余学院学报，2013(5).

[138] 谢春山.旅游文化——大连建成中国旅游名城的深厚底蕴[J].辽宁师范大学学报，2000(4).

[139] 谢春山.旅游文化——中国旅游业参与国际竞争成败的关键[J].北京第二外国语学院学报，2001(3).

[140] Kam Hung, James F. Petrick, DEVELOPING A MEASUREMENT SCALE FOR CONSTRAINTS TO CRUISING, Annals of Tourism Research, Volume 37, Issue 1, January 2010, Pages 206 – 228, ISSN 0160 – 7383.

[141] Wei-Jue Huang, Chun-Chu Chen, Yueh-Hsiu Lin, Cultural proximity and intention to visit:Destination image of Taiwan as perceived by Mainland Chinese visitors, Journal of Destination Marketing & Management, Volume 2, Issue 3, October 2013, Pages 176 – 184, ISSN 2212 – 571X.

[142] Jinsoo Hwang, Heesup Han, Examining strategies for maximizing and utilizing brand prestige in the luxury cruise industry, Tourism Management, Volume 40, February 2014, Pages 244 – 259, ISSN 0261 – 5177.

[143] Samveg Saxena, Amol Phadke, Anand Gopal, Understanding the fuel savings potential from deploying hybrid cars in China, Applied Energy, Volume 113, January 2014, Pages 1127 – 1133, ISSN 0306 – 2619.

[144] Yoshiaki Tsuzuki, Evaluation of the soft measures' effects on ambient water quality improvement and household and industry economies, Journal of Cleaner Production, Available online 5 November 2013, ISSN 0959 – 6526.

[145] Honglei Zhang, Jie Zhang, Shaowen Cheng, Shaojing Lu, Chunyun Shi, Role of constraints in Chinese calligraphic landscape experience: An extension of a leisure constraints model, Tourism Management, Volume 33, Issue 6, December 2012, Pages 1398 – 1407, ISSN 0261 – 5177.

[146] William C. Terry, Geographic limits to global labor market flexibility: The human resources paradox of the cruise industry, Geoforum, Volume 42, Issue 6, November 2011, Pages 660 – 670, ISSN 0016 – 7185.

[147] Jean-Paul Rodrigue, Theo Notteboom, The geography of cruises: Itineraries, not destinations, Applied Geography, Volume 38, March 2013, Pages 31 – 42, ISSN 0143 – 6228.

[148] Rui Wang, Quan Yuan, Parking practices and policies under rapid motorization: The case of China, Transport Policy, Volume 30, November 2013, Pages 109 – 116, ISSN 0967 – 070X.

[149] Hui (Jimmy) Xie, Deborah L. Kerstetter, Anna S. Mattila, The attributes of a cruise ship that influence the decision making of cruisers and potential cruisers, International Journal of Hospitality Management, Volume 31, Issue 1, March 2012, Pages 152 – 159, ISSN 0278 – 4319.

[150] Georgina Santos, Hannah Behrendt, Alexander Teytelboym, Part II: Policy instruments for sustainable road transport, Research in Transportation Economics, Volume 28, Issue 1, 2010, Pages 46 – 91, ISSN 0739 – 8859.

[151] Hongmei Zhang, Xiaoxiao Fu, Liping A. Cai, Lin Lu, Destination image and tourist loyalty: A meta-analysis, Tourism Management, Volume 40, February 2014, Pages 213 – 223, ISSN 0261 – 5177.

[152] Kam Hung, James F. Petrick, Testing the effects of congruity, travel constraints, and self-efficacy on travel intentions: An alternative decision-making model, Tourism Management, Volume 33, Issue 4, August 2012, Pages 855 – 867, ISSN 0261 – 5177.

[153] Sameer Hosany, Drew Martin, Self-image congruence in consumer behavior, Journal of Business Research, Volume 65, Issue 5, May 2012, Pages 685 –691, ISSN 0148 – 2963.

[154] Simon K.W. Ng, Christine Loh, Chubin Lin, Veronica Booth, Jimmy W. M. Chan, Agnes C.K. Yip, Ying Li, Alexis K.H. Lau, Policy change driven by an AIS-assisted marine emission inventory in Hong Kong and the Pearl River Delta, Atmospheric Environment, Volume76, September2013, Pages 102 – 112, ISSN 1352 – 2310.

[155] James R. Holmes, Toshi Yoshihara, History Rhymes: The German Precedent for Chinese Seapower, Orbis, Volume 54, Issue 1, 2010, Pages 14 – 34, ISSN 0030 – 4387.

[156] Fengming Xi, Yong Geng, Xudong Chen, Yunsong Zhang, Xinbei Wang, Bing Xue, Huijuan Dong, Zhu Liu, Wanxia Ren, Tsuyoshi Fujita, Qinghua Zhu, Contributing to local policy making on GHG emission reduction through inventorying and attribution: A case study of Shenyang, China, Energy Policy, Volume 39, Issue 10, October 2011, Pages 5999 – 6010, ISSN 0301 – 4215.

[157] Huajun Gong, Ziyang Zhen, Xin Li, Ju Jiang, Xinhua Wang, Design of automatic climbing controller for large civil aircraft, Journal of the Franklin Institute, Volume 350, Issue 9, November 2013, Pages 2442 – 2454, ISSN 0016 – 0032.

[158] Ching-Cheng Chao, Ching-Wen Hsu, Cost analysis of air cargo transport and effects of fluctuations in fuel price, Journal of Air Transport Management, Volume 35, March 2014, Pages 51 – 56, ISSN 0969 – 6997.

[159] Li Bin, Zhu Daming, Analysis of Adaptive Cycle Engine Noise for Civil Aviation, Procedia Engineering, Volume 17, 2011, Pages 645 – 653, ISSN 1877 – 7058.

[160] T.M.I. Mahlia, S. Tohno, T. Tezuka, A review on fuel economy test procedure for automobiles: Implementation possibilities in Malaysia and lessons for other countries, Renewable and Sustainable Energy Reviews, Volume 16, Issue 6, August 2012, Pages 4029 – 4046, ISSN 1364 – 0321.

[161] Mehmet Sariisik, Oguz Turkay, Orhan Akova, How to manage yacht tourism in Turkey: A swot analysis and related strategies, Procedia - Social and Behavioral Sciences, Volume 24, 2011, Pages 1014 – 1025, ISSN 1877 – 0428.

[162] Kam Hung, Honggen Xiao, Xiaotao Yang, Why immigrants travel to their home places: Social capital and acculturation perspective, Tourism Management, Volume 36, June 2013, Pages 304 – 313, ISSN 0261 – 5177.

[163] Haiyan Song, Larry Dwyer, Gang Li, Zheng Cao, Tourism economics research: A review and assessment, Annals of Tourism Research, Volume 39, Issue 3, July 2012, Pages 1653 – 1682, ISSN 0160 – 7383.

[164] Nong Hong, The melting Arctic and its impact on China's maritime transport, Research in Transportation Economics, Volume 35, Issue 1, May 2012, Pages 50 – 57, ISSN 0739 – 8859.

[165] Jian Hua, Yihusan Wu, Implications of energy use for fishing fleet—Taiwan example, Energy Policy, Volume 39, Issue 5, May 2011, Pages 2656 – 2668, ISSN 0301 – 4215.

[166] Xiaoming Wang, Jianzhong Shang, Zirong Luo, Li Tang, Xiangpo Zhang, Juan Li, Reviews of power systems and environmental energy conversion for unmanned underwater vehicles, Renewable and Sustainable Energy Reviews, Volume 16, Issue 4, May 2012, Pages 1958 – 1970, ISSN 1364 – 0321.

[167] John Tribe, Honggen Xiao, Donna Chambers, The reflexive journal: Inside the black box, Annals of Tourism Research, Volume 39, Issue 1, January 2012, Pages 7 – 35, ISSN 0160 – 7383.

[168] Mette Møller, Sonja Haustein, Keep on cruising: Changes in lifestyle and driving style among male drivers between the age of 18 and 23, Transportation Research Part F: Traffic Psychology and Behaviour,

Volume 20, September 2013, Pages 59 – 69, ISSN 1369 – 8478.

[169] Kam Hung, James F. Petrick, Why do you cruise? Exploring the motivations for taking cruise holidays, and the construction of a cruising motivation scale, Tourism Management, Volume 32, Issue 2, April 2011, Pages 386 – 393, ISSN 0261 – 5177, http//dx.doi.org/10.1016/j. tourman.2010.03.008.

[170] Cyril Guyard, Donald E. Low, Legionella infections and travel associated legionellosis, Travel Medicine and Infectious Disease, Volume 9, Issue 4, July 2011, Pages 176 – 186, ISSN 1477 – 8939.

[171] Pascal Scherrer, Amanda J. Smith, Ross K. Dowling, Visitor management practices and operational sustainability: Expedition cruising in the Kimberley, Australia, Tourism Management, Volume 32, Issue 5, October 2011, Pages 1218 – 1222, ISSN 0261 – 5177.

[172] Scott A. Cohen, Lifestyle travellers: Backpacking as a Way of Life, Annals of Tourism Research, Volume 38, Issue 4, October 2011, Pages 1535 – 1555, ISSN 1477 – 8939

[173] Regina Peldszus, Hilary Dalke, Stephen Pretlove, Chris Welch, The perfect boring situation—Addressing the experience of monotony during crewed deep space missions through habitability design, Acta Astronautica, Volume 94, Issue 1, January – February 2014, Pages 262 – 276, ISSN 0094 – 5765.

[174] William Hasty, Piracy and the production of knowledge in the travels of William Dampier, c.1679 – 1688, Journal of Historical Geography, Volume 37, Issue 1, January 2011, Pages 40 – 54, ISSN 0305 – 7488.

[175] Sig Langegger, Emergent public space: Sustaining Chicano culture in North Denver, Cities, Volume 35, December 2013, Pages 26 – 32, ISSN 0264 – 2751.

[176] Konstantinos Andriotis, Heterotopic erotic oases: The Public Nude Beach Experience, Annals of Tourism Research, Volume 37, Issue 4, October 2010, Pages 1076 – 1096, ISSN 0160 – 7383.

[177] Ljudevit Pranić, Zrinka Marušić, Ivan Sever, Cruise passengers' experiences in

coastal destinations-Floating "B & ampBs" vs. floating "resorts"：A case of Croatia，Ocean & Coastal Management，Volume 84，November 2013，Pages 1 – 12，ISSN 0964 – 5691.

[178] Alexis Papathanassis，Guest-to-guest interaction on board cruise ships：Exploring social dynamics and the role of situational factors，Tourism Management，Volume 33，Issue 5，October 2012，Pages 1148 – 1158，ISSN 0261 – 5177.

[179] Steven Pike，Stephen J. Page，Destination Marketing Organizations and destination marketing：A narrative analysis of the literature，Tourism Management，Volume 41，April 2014，Pages 202 – 227，ISSN 0261 – 5177.

[180] Demosthenes Akoumianakis，Ambient affiliates in virtual cross-organizational tourism alliances：A case study of collaborative new product development，Computers in Human Behavior，Volume 30，January 2014，Pages 773 – 786，ISSN 0747 – 5632.

[181] Virgile Collin-Lange，Karl Benediktsson，Entering the regime of automobility：car ownership and use by novice drivers in Iceland，Journal of Transport Geography，Volume 19，Issue 4，July 2011，Pages 851 – 858，ISSN 90966 –6923.

[182] Liang（Rebecca）Tang，The application of social psychology theories and concepts in hospitality and tourism studies：A review and research agenda，International Journal of Hospitality Management，Volume 36，January 2014，Pages 188 – 196，ISSN 0278 – 4319.

[183] Juhee Kang，Liang Tang，Ju Yup Lee，Robert H. Bosselman，Understanding customer behavior in name-brand Korean coffee shops：The role of self-congruity and functional congruity，International Journal of Hospitality Management，Volume 31，Issue 3，September 2012，Pages 809 – 818. 2011，Pages 1027 – 1037，ISSN 0261 – 5177.

[184] 兰珊珊，陈雪琼.旅游度假者感知价值的影响因素研究[J].企业活力，2010（2）.

[185] 嘉年华邮轮官网.http：www.carnival.com/.

[186] 歌诗达邮轮官网.http://www. costabusiness. com. cn/.

［187］冠达邮轮官网.http：//www.cunard.com/.

［188］阿依达邮轮官网.http：//www.aidacruises.com/.

［189］彼特.那些古怪的邮轮创新［J］.新民周刊，2013(5).

［190］邮轮旅行在长江兴起［J］.水陆运输文摘，2003(12).

［191］携程旅游网.http：//vacations.ctrip.com.

［192］国家统计局.2012年国民经济和社会发展统计公报［R］.2012.

［193］高惠君，肖荣娜，骆义.邮轮经济与中国邮轮市场潜力分析［J］.水运科学研究所学报，2004(9).

［194］张春芳，姜春红.新型海洋休闲旅游——邮轮发展研究［J］.资治文摘，2010(2).

［195］张琼.广州发展邮轮度假旅游的SWOT分析［J］.群文天地，2011(1).

［196］朱文婷，邮轮旅游系统结构及其优化研究［M］.上海：上海师范大学，2010.

［197］张言庆，马波，范英杰，邮轮旅游产业经济特征发展趋势及对中国的启示［J］.北京第二外国语学院学报，2010(7).

［198］刘军.规制视角的中国邮轮(旅游)母港发展研究［D］.上海：复旦大学，2011.

［199］邱皓政，林碧芳.结构方程模型的原理与应用——社会科学量化研究方法系列［M］.北京：中国轻工业出版社，2009.

［200］吴明隆.结构方程模型——AMOS实用进阶［M］.重庆：重庆大学出版社，2013.

［201］王济川.结构方程模型：方法与应用［M］.北京：高等教育出版社，2011.

［202］吴明隆.结构方程模型——SIMPLIS的应用［M］.重庆：重庆大学出版社，2012.

［203］李锡钦.结构方程模型：贝叶斯方法［M］.蔡敬衡，潘俊豪，周影辉，译.北京：高等教育出版社，2011.

［204］王卫东.结构方程模型原理与应用［M］.北京：中国人民大学出版社，2010.

［205］陶建杰.传媒与城市软实力——基于结构方程模型的研究［M］.上海：上海交通大学出版社，2011.

［206］宁禄乔.结构方程模型——偏最小二乘法理论与应用［M］.北京：北京理工大学出版社，2012.

［207］邱羚，罗娟，齐林恺，姜宏.亚洲邮轮经济景气指数构建［M］.北京：社会科学文献出版社，2017.

［208］邱羚，顾英.基于价值生产的邮轮产业绩效评价研究［M］.北京：社会科学文献出版社，2016.

［209］邱羚，陈心德.上海中国邮轮旅游发展实验区功能完善与配套服务研究［M］.北京：社会科学文献出版社，2015.

［210］Ling Qiu. Research on Function Improvement and Supporting Services of Shanghai Experimental Area for China Cruise Tourism Development, Journal of Interdisciplinary Innovation, Volume6, June 2017, ISSN 2586 –0798.

［211］Ling Qiu. The Grey Correlation Analysis on Factors Affecting Cruise Economy, International Review of Applied Engineering Research, Volume10, October 2016, ISSN 2248 – 9967.

［212］Ling Qiu. Study on Development of Tourism Personnel in Shanghai, International Review of Applied Engineering, Volume3, January 2017, Pages 335 – 344, ISSN 2248 – 9967.

索　引

后 记

　　本书选取了一个独特视角来研究邮轮产业,这是基于我的博士研究选题和工作领域相结合的一个考虑。从文化创意的角度阐释邮轮产业发展的阶段特征,其实也是我一直以来期望对邮轮文化进行更深一步思考和探讨的一个心愿的完成。我始终坚持认为,文化的附着和渗透赋予了邮轮庞大的躯壳里丰富的内涵和灵魂。

　　在写作的过程中,邮轮产业的全球格局和中国式发展又经历了太多变化,世界邮轮产业的发展用"风起云涌、波澜壮阔"来形容也毫不为过。一个不争的事实是,亚洲和中国在邮轮市场的全球格局中占有越来越重要的位置。同样,我国政府也正在越来越重视邮轮经济在带动产业转型升级、提供高品质旅游产品方面的重要作用。在本书付梓之际,关于邮轮产业链延伸、邮轮建造及配套体系发展、邮轮航线创新等各种研究课题从数量和来源上超越了以往任何一个年度。当然,其中引人瞩目的就是关于邮轮文化的培育和传播的探讨也越来越热烈。其实近两年来文化与邮轮融合的实践在上海已经有了许多尝试,邮轮主题航次越来越多,探讨邮轮旅游的电视栏目、以邮轮为取景地的电影电视、以邮轮人和邮轮生活为内容的连续剧集等都在纷纷涌现,盛世公主号和诺唯真喜悦号邮轮从设计开始就注重了中国传统文化元素的注入。这些都让我日后更为深入的继续研究有了充足的信心和动力。当然本书的研究方法与研究结果还存在许多不足,但是如果能够为我国邮轮产业的发展贡献一份微薄的力量,都值得我为之高兴。

　　本书在撰写的过程中,得到了许多人的帮助与支持,在此表示衷心的感谢。感谢工作上给予我指导和帮助的汪泓教授、史健勇教授、高长春教授、陈心德教授;感谢我的同事兼挚友叶欣梁博士、齐林恺博士;感谢李晓莉女士、王友农董事长、王斌主任、高艳辉总经理等业界好友;感谢所有接受我访谈和调研的领导、专家以及游客,是他们的工作实践经验与在调研中的真实回答,让我收集到了丰富的研究资料;感谢热爱邮轮的每一位业界同仁,感谢你们为推动中国邮轮产业发展做出的努力;感谢上海交通大学出版社的编辑提文静,谢谢您细致入微的工作与指导;感谢我的学生姜宏、夏雪梅、杨琳琳、杨天宇,谢谢你们为书稿的校订付出的时间与精力;最后,要感谢我的家人一直以来对我的支持与爱护,是你们给了我继续前行的力量。

一切过往,皆为序章。让我们一起期待邮轮产业更美好的明天。

邱羚

2018.5